U0127995

贛文化通典

——古文卷　第二冊

目錄

▋第一篇▋　　唐及唐以前的古文

第二篇 兩宋江西古文

第三篇　元代江西古文

第四篇　明代江西古文

第五篇　清代江西古文

第六篇 近代江西古文

第六章

南宋前期的古文家

第一節 ▶ 汪藻的散文創作

汪藻（1079-1154），字彥章，饒州德興（今屬江西）人，宋徽宗崇寧二年（1103）進士，歷任宣州教授、著作郎等職。欽宗即位，累遷太常少卿、起居舍人。高宗踐祚，召試中書舍人，遷兵部侍郎兼侍講，拜翰林學士。後因得罪秦檜，奪職居永州，歿於貶所。秦檜死他得以複職。《宋史》卷四四五有傳，稱：「藻通顯三十年，無屋廬以居。博極群書，老不釋卷，尤喜讀《春秋左氏傳》及西漢書。工儷語，多著述，所為制詞，人多傳誦。」是一位廉潔而極為博學的官員。今存《浮溪集》三十二卷。《四庫提要》稱：「藻學問博贍，為南渡後詞臣冠冕。……藻工於儷語，所作代言之文，如隆佑太後手書、建炎德音諸篇，皆明白洞達，曲當情事。詔命所被，無不淒憤，激發天下傳誦，以比陸贄，說者謂其製作得體，足以感動人心，實為辭令之極則。」當時著名文章家孫覿在為《浮溪集》作序時說：「公以儒先宿，學當大典冊，秉太史筆，為天子視草，始大發於文，深醇雅健，追配古作，學士大夫傳誦，自海隅萬里之遠，莫不家有其書，所謂常楊燕許諸人，皆莫及也。」

綜合上述評論，可見汪藻在當時聲名顯赫，文名極盛。他長期在朝廷任知制誥之職，朝廷中的詔令文告，多出其手，為時人所傳誦。以至於四庫館臣認為這類文章「實為辭令之極則」，評價不可謂不高。在《提要》中提到的隆佑太後手書、建炎德音兩篇今存。在當時影響巨大，對於風雨飄搖、偏安一隅的南宋小朝廷，無異於打了強心針，振奮了民眾抗金的決心和意志。《皇太后告天下書》：

比以敵國興師，都城失守。祲纏宮闕，既二帝之蒙塵；誣及宗祊，謂三靈之改卜。眾恐中原之無主，故令舊弼以臨朝。雖義形於色，而以死為辭；然事迫於危，而非權莫濟。內以拯黔首將亡之命，外以舒鄰國見逼之威。遂成九廟之安，坐免一城之酷。

乃以衰癃之質，起於閑廢之中，迎置宮闈，進加位號。舉欽聖已行之典，成靖康欲復之心。永言運數之屯，坐視邦家之復，撫躬獨在，流涕何從！

緬惟藝祖之開基，實自高穹之眷命。歷年二百，人不知兵；傳序九君，世無失德。雖舉族有北轅之釁，而敷天同左袒之心。乃眷賢王，越居近服，已徇群情之請，俾膺神器之歸。由康邸之舊藩，嗣我朝之大統。漢家之厄十世，宜光武之中興；獻公之子九人，惟重耳之尚在。茲為天意，夫豈人謀！尚期中外之協心，同定安危之至計。庶臻小愒，同底丕平。用敷告於多方，其深明於吾意！

皇太后即是哲宗廢後孟氏，號隆佑太后。靖康二年（1127），金人擄徽欽二帝北去，立張邦昌為傀儡皇帝。張邦昌自感孤危，不能服眾，不敢稱帝，於是迎孟氏為太后臨朝，議立徽宗第九子康王趙構為帝。汪藻為孟太后擬具了這封詔書，冊立趙構為帝。這封詔書以孟太后的口吻，在國家危亡之際，痛心疾首，哀不自勝。既然二帝蒙塵，國不能一日無主，於是「由康邸之舊藩，嗣我朝之大統」，冊立康王為帝。文章全用駢文，是朝廷文告的典型文體。冊立皇帝可以說是朝廷中最重要的事件，這篇文章無疑是歷史性的文件。起草者當然是當時的大手筆。文字篇幅不長，十分精練妥貼。藻飾用典，四六駢偶，都是駢文中的上乘作品。駢文往往難以兩頭討好，即如果照顧文采，則在抒情達意方面可能會受影響，而注重內容則往往在藻飾用典方面有所不足。這篇文章將形式和內容完美地結合在一起，難怪四庫館臣稱「實為辭令之極則」。

《建炎三年十一月三日德音》：

禦敵者莫如自治，動民者當以至誠。朕自纘丕圖，即罹多故。昧綏懷之遠略，貽播越之深憂。雖眷我中原，漢祚必期於再復；而迫於強敵，商人幾至於五遷。茲緣仗衛之行，尤曆江山之阻。老弱扶攜於道路，饑疲蒙犯於風霜。徒從或苦繹騷，程頓不無煩費。所幸天人協相，川陸無虞。仿治古之時巡，即奧區而安處。

言念連年之紛擾，坐令率土之流離；鄉閭遭焚劫之災，財力困供輸之役。肆夙宵而軫慮，如冰炭之交懷。嗟汝何

辜！由吾不德。故每畏天而警戒，誓專克己以焦勞。欲睦鄰休戰，則卑辭厚禮以請和；欲省費恤民，則貶食損衣而從儉。苟可坐銷於氛祲，殆將無愛於髮膚。

然邊陲歲駭，而師徒不免於屢興；饋餉日滋，而征斂未遑於全複。惟八世祖宗之澤，豈汝能忘顧一時？社稷之憂，非予獲已。少俟寇攘之息，首圖蠲省之宜。況昨來蒙蔽之俗成，致今日淩夷之禍亟。雖朕意日求於民瘼，而人情終壅於上聞。主威非特於萬鈞，堂下自遙於千里，既真偽有難憑之患，則遐邇銜無告之冤。已敕輔臣，相與虛懷而聽納；亦令在位，各須忘勢以諮詢。直言者勿遣危疑，忠告者靡拘微隱。所期爾眾，咸體朕懷。

尚慮四民興失職之嗟，百姓有奪時之怨。科需苛急，人心難俟於小康；犴獄繁滋，邦法有稽於末減。乃用迎長之節，特頒在宥之恩。

於戲！王者宅中，夫豈甘心於遠狩？皇天助順，其將悔禍於交侵。惟我二三之臣，與夫億兆之眾，亟攘外侮，協濟中興。

宋高宗建炎三年（1129），南宋朝廷偏安東南一隅，在臨安（今杭州）建都。這是當時朝廷在顛沛流離的過程中，剛剛緩過勁來，在東南站住腳根，作者代高宗寫的「告全國人民書」。第一段即言皇帝即位之後，即處危難之時，四處逃難，猶如殷商君主屢遷首都，於是仿照古代君王巡狩。這都是君主檯面上的話，當然是因為故都已被強敵佔領，不得已以東南為臨時首都。其實

終南宋之世,朝廷再也沒有遷往故都。第二段言戰亂給百姓帶來巨大災難,作為一國之主的皇帝,不能保護自己的臣民,所以自責。這一段寫得極誠懇,「欲睦鄰休戰,則卑辭厚禮以請和;欲省費恤民,則貶食損衣而從儉。苟可坐銷於氛祲,殆將無愛於髮膚」,也就是說為了百姓,自己委曲求全,節衣縮食,並且如果可以停止戰亂,皇帝不惜犧牲自己的身體。第三段寫自己不忘恢復大業,要求群臣,能夠理解皇帝的心情,愛民勤政,瞭解民生民意。第四段,重申自己對百姓疾苦的關注。有兩重問題困擾百姓,一是苛捐雜稅,二是法律嚴酷。所以頒旨大赦。這樣的皇帝詔書,文采斐然,意思又明確清晰。駢文寫得如此明白而富有文采,是非常難得的,汪藻不愧為大手筆。

汪藻長期在朝廷擔任知制誥一類的職務,《浮溪集》中的所收內外制文份量最大,其次是各種散記。內外制文是作者為朝廷和皇帝寫的文章,是官場立身的根本,都是精心所作。而散記則是文集中文學性最強的作品。

《翠微堂記》:

> 山林之樂,士大夫知其可樂者多矣,而莫能有其焉者。率樵夫野叟川居穀汲之人,而又不知其所以為樂。惟高人逸士自甘於寂寞之濱,長往而不顧者,為足以得之。然自漢以來,士之遁跡求志者,不可勝數,其能甘心丘壑,使後世聞之,僚然想念其處者,亦無幾人。豈方寄味無味,自適其適而不暇以語世耶?至陶淵明、謝康樂、王摩詰之徒,始窮探極討,盡山水之趣,納萬境於胸中。凡林霏空翠之過乎目,

泉聲鳥哢之屬乎耳，風雲霧雨縱橫合散於沖融杳靄之間，而有感於吾心者，皆之以為詩酒之用。蓋方其自得於言意之表也。雖宇宙之大，終古之遠，其間治亂興廢、是非得失，變幻萬方，日陳於前者，皆不足以累吾之真。故古人有貴於山水之樂者如此，豈與夫槁項黃馘欺世眩俗者同年而語哉？

　　吾宗發之以豪，自喜讀書，讀書強記，談笑多聞，頗欲以事業文章見世。一旦悉棄去不學，學所以治心養性者，買田三靈山之陽，前瞰大川，旁眺諸嶺，築翠微堂以居。藝蘭種竹其下，日與賓客飲酒賦詩，俳佪周覽，蓋將老焉。其意以謂世之有聲有色者，未有不爭而得，亦未有不終磨滅者。惟山水之娛人，無事於爭，且庶幾可以長存。故吾有以取之，蓋不學淵明而暗與合。余既以仕為家，老於憂患，引領林泉，有不可及之歎，而發之沉酣厭飫，且十年於茲矣，盍求其餘？結茅翠微之側，以休吾老乎？吾恐發之不得，擅而有也，故遺書以問之。若夫山間之四時，朝暮可喜可愕。他日與發之共之者，酒杯流行，尚能賦其一二為？（卷一八）

　　文章從山林之樂寫起，士大夫知山林可樂，但在官場任職，無法享受，而農夫山民雖然居住在山林，卻不懂得欣賞這種美。這符合距離產生美的說法。有些高人甘於寂寞，徜徉於山林，享受此種快樂，但這類遁跡求志者，卻難以留下令名。這令人想起魯迅先生的話：「非隱士的心目中的隱士，是聲聞不彰，息影山林的人物。」這樣的隱士為歷史所塵封，無人所知也就是必然的了。只有陶淵明、謝靈運、王維這樣的人，既享受了山林之樂又

成為著名詩人，為世人知曉。作者嚮往這些高人，其實是古代士子中常有的一種隱逸情結。耽於山林之樂，遺世獨立，忘懷功利，豈為俗人之樂所能同日而語的？這段議論很精到深刻，也很能展示作者的襟懷。文章後面才敘述同宗汪發之築翠微堂的始末，寫周遭景致，寫發之的隱居生活的山林之樂，又與自己官場生活比較，頗生欣羨之情，最後希冀能夠在年老致仕後，卜居為鄰，共用山林之樂。這段敘寫與前面的議論呼應，或者說前一段是一個鋪墊，寫的是翠微堂及汪發之的生活狀態，卻表達了作者的隱逸情結。散記是應朋友之邀而作，自然多有讚賞之意。

汪藻的人物傳記也寫得很有特色，《浮溪集》卷二〇有《郭永傳》，是優秀的傳記作品，後來《宋史·郭永傳》幾乎是一字不易地移錄汪藻的文章。文章讚頌郭永忠勇耿直，視死如歸，與柳宗元的《段太尉逸事狀》有異曲同工之妙，開頭寫郭永的形象「少剛明勇決，身長七尺，鬚髯鬱然之如神人。」寥寥幾筆，將一員果敢英勇的武將形象刻劃出來。後面選取幾件事例多角度地展示他的形象。第一件事，他任丹州參軍時與州守不合，州守貪贓枉法，郭永嚴厲執法，得罪上司，辭官而去。第二事，知太谷縣時，對太原帥的奢侈不滿，上書予以批評。任職時輕徭薄賦，百姓十分愛戴，「以為自有令來，無有比者」。第三事，任東平府司錄時，對當時的統帥郭藥師的殘暴劫略，敢於當面指責。他識破此人必為朝廷禍害，後來果然投降金兵，為虎作倀。第四件事，也是全文的重心。金兵進犯，奉命為將守大名府，原先統帥為名將宗澤，他滿懷信心。可惜，宗澤病故，繼承者是張益謙和裴億。金兵圍城，郭永積極備戰，「率士晝夜乘城，伺間出兵徂

擊」。而張、裴二人貪生怕死，傾向投降，而郭永力戰，直到最後一刻，「城陷，永坐城樓上，或掖之以歸，諸子環泣請去。永曰：『吾世受國恩，當以死報，然巢傾卵覆，汝輩亦何之？茲命也，奚懼？』」可謂正氣凜然。金人俘獲他：

> 敵曰：「阻降者誰？」永熟視久之曰：「不降者我，尚奚問？」敵見永狀貌魁傑，且夙聞其賢，乃自為好語數十言，欲以富貴啖永而降之。永瞋目唾罵曰：「無知醜類，恨不醢爾以報國家，何說降乎？」敵令譯者申諭不已，永戟手怒罵不絕。敵諱其言，麾之使去，永復厲聲曰：「胡不速我死？我當率義鬼滅樂曹。」大名人在系者無不以手加額，為之出涕。敵令斷所舉手，並其家害之。

作者對郭永的英勇無畏、視死如歸的事蹟，無疑深感欽佩，予以高度評價，在敘寫中亦飽含深情。

第二節 ▶ 周必大、胡銓的散文創作

周必大（1126-1204），字子充，一字洪道，自號平園老叟，盧陵（今江西吉安）人。紹興二十一年（1151）進士，二十七年舉博學宏詞科。召試館職，高宗讀其策，曰：「掌制手也。」孝宗朝，歷任起居郎、中書舍人、秘書少監、吏部侍郎、翰林學士。史稱：「必大在翰苑幾六年，制命溫雅，周盡事情，為一時詞臣之冠。」《四庫全書・文忠集提要》亦稱：「其制命溫雅，

文體昌博，為南渡後臺閣之冠。考據亦精審，巋然負一代重名。著作之富，自楊萬里、陸遊以外，未有能及之者。」在朝時，勇於直諫，屢遭貶外放，但每次都不久召回朝廷。孝宗曾謂：「卿不迎合，無附麗，朕所倚重。」歷仕高、孝、光、寧四朝，累官至樞密使、左、右丞相等要職，封益國公。卒諡文忠。《宋史》卷三九一有傳。現存《益國周文忠公全集》二百卷，其中包括《省齋文稿》、《平園續稿》、《省齋別稿》、《二老堂詩話》等二十四種，為其子周綸所刊定。他與當時的文壇著名人物陸游、范成大、楊萬里等都有很深的交誼。

他長期任職於翰林院，掌知制誥，是當時朝廷的大手筆。不少以皇帝和朝廷名義頒布的重要文告，都由他撰寫。如《岳飛敘復元官制》便是代表皇帝所作的著名作品：

敕：仁皇在位，親明利用之勳。神祖御邦，首祭狄青之像。蓋念舊者不忘於扶拭，而勸功者當急於褒崇。朕只稟睿謨，眷懷宿將。茲仰承於素志，肆盡洗於丹書。

故前少保武勝定國軍節度使、武昌開國公、食邑六千一百戶，食實封二千六百戶岳飛，拔自偏裨，驟當方面。智略不專於古法，沉雄殆得於天資。事上以忠，至無嫌於辰告；行師有律，幾不犯於秋毫。外摧孔熾之狂胡，內翦方張之劇盜。名之難掩，眾所共聞。會中原方議於櫜弓，而當路立成於投杼。坐急絳侯之繫，莫然內史之灰。

逮更化之雲初，示褒忠之有漸。思其姓氏，既仍節制於岳陽；念爾子孫，又復孤煢於嶺表；欲盡還其寵數，既乃下

屬於眇躬。是用峻升孤棘之班，疊畀齋壇之組。近畿禮葬，少酬魏闕之心；故邑追封，更慰轅門之望。不徒發幽光於既往，庶幾鼓義氣於方來。

　　嗟乎！聞李牧之為人，殆將撫髀；闕西平而未錄，敢緩旌賢？如其有知，可以無憾。（卷一〇五）

　　淳熙十六年（1189），孝宗聽從朝臣之議，決定為岳飛恢復名譽，以厚禮隆重改葬，當時已位極人臣的周必大，受朝廷之命，草擬了這一制文。文中起首以用典的方式，說明皇帝對故舊功臣的思念，同時要加以崇褒。然後讚揚岳飛行伍出身，天資卓越，既忠誠國家，又領軍有方，外挫狂胡，內平劇盜，豐功偉績，人所共知。但如此優秀的將領，竟遭殺身之禍，顯然是一大冤獄。這也是文章難以回避的問題，岳飛死於高宗之手，而孝宗又是高宗之子。怎麼寫？文章如果完全回避這一問題，在邏輯上是不通的。但要直寫又違背為尊者諱的原則。作者巧妙地用四句話舉重若輕，輕輕帶過。前二句說，當時執政大臣正在議和，高宗誤信讒言，這裡用了曾母投杼的典故，所以就有了這樣的冤案。文中用漢代周勃和張湯的典故。周勃是漢朝開國元勳，封絳侯，又是殺誅諸呂的主要策劃人，可謂當時功臣的第一人，但晚年卻因人誣告謀反下獄，幾乎喪命。後來因為太后力保，才倖免於難。張湯是漢武帝時的能吏，曾官內史，因人誣告而被殺，事後武帝後悔不已，追封其子張安世，後來張氏成了漢代官宦世家。這兩個典故十分貼切，既表明岳飛被殺是一冤獄，同時將高宗的罪過輕輕帶過。後面則寫皇帝對岳飛的褒揚，雖然不能使死

者復生，但可告慰英魂，同時鼓舞士氣。岳飛地下在知，可以無憾。該文頒布天下，一時朝野上下傳頌不已，令忠臣義士倍感振奮。

他所作的《不允胡銓致仕詔》也是優秀作品：

> 朕惟人臣有奮忠鯁而辭不撓，涉患難而氣不衰，豈獨國家所當尊禮哉？天必相之矣。是故位雖高，無盈滿之慮；年雖至，有康強之福。士大夫方倚以為重，而朕聽其納祿可乎？又況燕佚殊庭，弗勞以事；從容故里，惟適之安。豈必退休以孤眷矚，所請宜不允。（卷一○七）

此文作於淳熙四年（1177）正月十六日。當時胡銓已經七十六歲，以年老之故請求朝廷恩准致仕。周必大對這位桑梓前輩充滿敬意，雖然這是代表朝廷所作，但是讚譽之情溢於言表。

周必大身居高位，忠貞愛國，在所作文章中，顯示出他的責任感和正義感。他晚年所作《廬陵縣學三忠祠堂記》，標榜的是文章節義，正直忠貞，文章開首言：

> 文章；天下之公器，萬世不可得而私也；節義；天下之大閑，萬世不可得而逾也。吉為江西上郡，自皇朝逮今二百餘年，兼是二者，得三公焉。

吉安地區常稱「文章節義之邦」的典故便出自此文。接下來便寫「三公」文章節義的事蹟：

歐陽脩公以六經粹然之文，崇雅黜浮，儒述複明，遂以忠言直道，輔佐三朝，士大夫翕然尊之，天子從而諡曰文忠，莫不以為然。南渡搶攘，右相杜充擁眾北叛，金陵守陳邦光就降，惟通判楊邦乂戟手罵賊，視死如歸，國勢凜凜，士大夫翕然尊之，天子從而褒贈之，賜諡曰忠襄，則又莫不以為然。時宰議禮，眾論洶洶，為一編修官胡銓，毅然上書乞斬相臣，羈留北使，三綱五常賴以不墜，士大夫復翕然尊之，厥後天子從而褒贈，賜以忠簡之諡，則又莫不以為然。是之謂三忠。

此三人都是作者的鄉賢，強調的是節義。歐陽脩既是文章巨擘，而其忠言直道，亦為人所敬仰。楊邦乂戟手罵賊，誓死不降，節氣可嘉。胡銓不顧安危，冒犯執政，令人肅然起敬。文章後面說吉州先前亦出過宰相，但卻難以與此三忠相提並論。作者此時正以故相退居家鄉，隱然以此自況，亦可見作者的謙遜。

胡銓（1102-1180），字邦衡，字澹庵，盧陵（今江西吉安）人。高宗建炎二年（1128）第五名進士。紹興八年，宰相秦檜決策主和，派王倫使金議和，金人以「詔諭江南」為名，遣使來朝。南宋成了金國的藩屬，朝野為之一片譁然，時任翰林院編修的胡銓抗顏上書，立主斬權臣王倫、秦檜之首以謝天下。上書後，朝野震動，秦檜以「銓狂妄凶悖，鼓眾劫持，詔除名」《宋史‧胡銓傳》。當時正直朝臣皆奮起聲援，許多士大夫為此相繼遭貶謫。孝宗即位，複職任知饒州。歷官秘書少監、兵部侍郎、工部侍郎等職，晚歲以資政殿學士致仕，卒，諡「忠簡」。胡銓

是南宋初年主戰派的代表，終其一生，反對與金議和，時刻不忘恢復，在當時受到愛國士大夫的愛戴。他與周必大頗有唱和，周必大亦十分敬重這位桑梓先賢。《宋史》卷三七五有傳。今存《澹庵文集》六卷，其中文五卷詩一卷。《四庫提要》稱：「集中嘉言讜論，多本《春秋》義例，於南渡大政，多所補救。」

胡銓的著名作品就是當時震動朝野的千古傑作《戊午上高宗封事》：

> 王倫本一狎邪小人，市井無賴，頃緣宰相無識，遂舉以使虜。專務詐誕，欺罔天聽，驟得美官，天下之人切齒唾罵。今者無故誘致敵使，以「詔諭江南」為名，是欲臣妾我也，是欲劉豫我也。劉豫臣事醜虜，南面稱王，自以為帝王萬世不拔之業，一旦豺狼改慮，捽而縛之，父子為虜。商鑒不遠，而倫又欲陛下效之。夫天下者，祖宗之天下也，陛下所居之位，祖宗之位也。奈何以祖宗之天下為金虜之天下，以祖宗之位為金虜之位！陛下一屈膝，則祖宗廟社之靈盡汙夷狄，祖宗數百年之赤子盡為左衽，朝廷宰執盡為陪臣，天下士大夫皆當裂冠毀冕，變為胡服。異時豺狼無厭之求，安知不加我以無禮如劉豫也哉？
>
> 夫三尺童子至無識也，指犬豕而使之拜，則怫然怒。今醜虜則犬豕也，堂堂大國，相率而拜犬豕，曾童孺之所羞，而陛下忍為之耶？倫之議乃曰：「我一屈膝，則梓宮可還，太后可復，淵聖可歸，中原可得。」嗚呼！自變故以來，主和議者誰不以此說啖陛下哉！然而卒無一驗，則虜之情偽已

可知矣。而陛下尚不覺悟，竭民膏而不恤，忘國大仇而不報，含垢忍恥，舉天下而臣之甘心焉。就令虜決可和，盡如倫議，天下後世謂陛下何主？況醜虜變詐百出，而倫又以奸邪濟之，梓宮決不可還，太后決不可復，淵聖決不可歸，中原決不可得，而此膝一屈不可復伸，國勢陵夷不可復振，可為痛哭流涕長太息矣！

　　向者陛下間關海道，危如累卵，當時尚不忍北面臣虜，況今國勢稍張，諸將盡銳，士卒思奮。只如頃者醜虜陸梁，偽豫入寇，固嘗敗之於襄陽，敗之於淮上，敗之於渦口，敗之於淮陰，校之往時蹈海之危，固已萬萬，倘不得已而至於用兵，則我豈遽出虜人下哉？今無故而反臣之，欲屈萬乘之尊，下穹廬之拜，三軍之士不戰而氣已索。此魯仲連所以義不帝秦，非惜夫帝秦之虛名，惜天下大勢有所不可也。今內而百官，外而軍民，萬口一談，皆欲食倫之肉，謗議洶洶，陛下不聞，正恐一旦變作，禍且不測，臣竊謂不斬王倫，國之存亡未可知也。

　　雖然，倫不足道也，秦檜以腹心大臣而亦為之。陛下有堯舜之資，檜不能致君如唐虞，而欲導陛下為石晉。近者禮部侍郎曾開等引古誼以折之，檜乃厲聲責曰：「侍郎知故事，我獨不知！」則檜之遂非愎諫，已自可見，而乃建白令台諫、侍臣僉議可否，是蓋畏天下議己，而令台諫、侍臣共分謗耳。有識之士皆以為朝廷無人，籲，可惜哉！

　　孔子曰：「微管仲，吾其被髮左衽矣。」夫管仲，霸者之佐耳，尚能變左衽之區，而為衣裳之會。秦檜，大國之相

也，反驅衣冠之俗，而為左衽之鄉。則檜也不唯陛下之罪人，實管仲之罪人矣。孫近傅會檜議，遂得參知政事，天下望治有如饑渴，而近伴食中書，漫不敢可否事。檜曰虜可和，近亦曰可和；檜曰天子當拜，近亦曰當拜。臣嘗至政事堂，三發問而近不答，但曰：「已令台諫、侍從議矣。」嗚呼！參贊大政，徒取充位如此。有如虜騎長驅，尚能折衝禦侮耶？臣竊謂秦檜、孫近亦可斬也。

臣備員樞屬，義不與檜等共戴天，區區之心，願斷三人頭，竿之槁街，然後羈留虜使，責以無禮，徐興問罪之師，則三軍之士不戰而氣自倍。不然，臣有赴東海而死爾，寧能處小朝廷求活邪？

楊萬里在《澹庵文集序》寫道：「先生上書力爭，至乞斬宰相，在廷大驚。金人聞之，募其書，千金三日得之，君臣奪氣，知中國有人。奉皇太后以歸，自是邊馬不南者二十年。」楊萬里也是吉安人，仰慕這位以節氣著稱的同鄉。這些文字自然有溢美之處。秦檜力主議和，簽訂和約之後，的確保持了宋、金之間數十年沒有發生太大的軍事衝突，與這篇文章的關係應該說不是很大。胡氏的這篇文章絕對是千古名篇。首先此文以氣勢盛，作者反對的不是議和，而是向金朝稱臣。他的出發點是春秋大義中的「夷夏之別」。在傳統價值觀念中，漢民族的君主是天子，是正統，而其它民族的首領只能是臣屬關係，現在向金朝稱臣，豈不顛倒了這種關係。《四庫提要》稱其文「多本春秋義例」，可謂中肯。春秋義例已形成士子的共同價值取向，連皇帝也不敢否

定。以此為基礎，所以作者理直氣壯。文章開門見山，直言王倫誘使朝廷接受金人苛刻的議和條件，是「欲臣妾我也，欲劉豫我也」。正因為理直氣壯，所以言辭激烈。文章提出斬奸臣秦檜、孫近、王倫，而且對高宗直言其非，一說「陛下所居之位，祖宗之位也。奈何以祖宗之天下為金虜之天下，以祖宗之位為金虜之位！陛下一屈膝，則祖宗廟社之靈盡汙夷狄」。意指祖宗之天下，並非皇帝可以私自處置的。再說「而陛下忍為之耶？……而陛下尚不覺悟，竭民膏而不恤，忘國大仇而不報，含垢忍恥，舉天下而臣之甘心焉。就令虜決可和，盡如倫議，天下後世謂陛下何主？」這幾個問句直指皇帝，絕不為尊者諱，難怪高宗讀此文惱羞成怒。其實作者亦非有意冒犯皇帝，而是箭在弦上，不得不發。所以文章有一氣呵成、直有酣暢淋漓之感，原因就是以氣勢盛。其次，文章流暢明晰，可以代表宋文暢達易曉的風格。在歷代文章中，宋文是最為暢達明白的。包括後來的明清二朝，其文都不如宋文淺易流暢。作者少用典故，用典也是極明白的常見典故。全文明白如話，不假修飾而直指人心。所以具有很強的宣傳效果，難怪震動朝野。不管是恨胡銓的人還是愛胡銓的人，都有極強烈的反映。

第三節 ▶ 楊萬里的散文創作

　　楊萬里是南宋前期的大文學家，以詩享譽後世。其詩自成一體，稱「誠齋體」。他同時亦是當時著名的文章家。

　　楊萬里（1127-1206），字廷秀，號誠齋，吉州吉水（今屬江

西）人。紹興二十四年（1154）進士。他與周必大年齡相侔，又是同鄉，都享高齡。仕途上周必大更為順利，位極人臣。誠齋亦歷官四朝，曾官秘書監等要職，卒後諡「文節」。他年輕時師從名臣張浚，教以正心誠意之學，故號「誠齋」。今存《誠齋集》一三二卷，為其子長孺於嘉定元年（1208）所編定。《宋史》卷四三三有傳。

楊萬里長期任職朝廷，立朝直言敢諫，文集中頗多奏章疏議，往往言辭剴切。著名篇章如作於淳熙十二年（1185）五月的《地震應詔書》，《宋史》本傳全文刊載此文。南宋偏安一隅，高宗為了保持江南的穩定，與金朝訂立喪權辱國的協議，朝廷向金人稱臣，每年「歲貢」，納幣輸銀。孝宗繼位後，頗有雄心大志，期望恢復中原。即位伊始，重用主戰派大臣張浚，積極備戰北伐。隆興元年（1163）宋軍北伐，但由於諸如人為因素，北伐沒有成功。翌年，與金人簽定新和約。和約規定南宋皇帝再也不向金人稱臣，「歲貢」改為「歲幣」數量，也有所減少。到作者寫這篇文章時，經過「隆興和議」，宋金二朝又保持了二十餘年的邊境安寧狀態。朝廷何去何從，是安於現狀，還是積極進取？這是朝廷有識之士共同思考的問題。當時發生地震，孝宗以此下詔要求臣子上疏言事，楊萬里寫了這篇著名的上書。書中所言十事，皆在表面的平靜中看到國家面臨的潛在危機，所謂「言有事於無事之時」，切中時弊。如所言第十事：

　　古者立國必有可畏，非畏其國也，畏其人也。故苻堅欲圖晉，而王猛以為不可，謂謝安、桓沖江左之望，是存晉者

二人而已。異時名相如趙鼎、張浚，名將如岳飛、韓世忠，此金人所憚也。近時劉珙可用則早死，張栻可用則沮死，萬一有緩急，不知可以督諸軍者何人，可以當一面者何人，而金人所素憚者又何人？而或者謂人之有才，用而後見。臣聞之記曰：「苟有車，必見其式，苟有言，必聞其聲。」今日有其而未聞其可將可相，是有車而無式，有言而無聲也。且夫用而後見，非臨之以大安危，試之以大勝負，則莫見其用也。平居無以知其人，必待大安危、大勝負而後見焉。成事幸矣，萬一敗事，悔何及耶？昔者謝玄之北禦苻堅，而郗超知其必勝；桓溫之西伐李勢，而劉惔知其必取。蓋玄於履屐之間無不當其任，溫於蒲博不必得則不為，二子於平居無事之日，蓋必有以察其小而後信其大也，豈必大用而後見哉？（《宋史‧楊萬里傳》）

用人從來都是朝廷大計，重用人才、選拔人才是君主的頭等大事。何況強敵虎視眈眈，一有風吹草動，必然興風作浪。作者用畏人來說明賢相名將的重要性。我們注意作者所舉人物皆為南北割據時的東晉名人，如謝安、桓沖、謝玄、桓溫諸人，都是曾經在南北戰爭中戰勝過北方強敵。這種類比具有非常恰當的可比性，東晉與南宋的偏安東南的情境非常相似。如果以統一強大的漢、唐為例來論證重視人才的重要性，當然也持之有據，但卻沒有這樣貼切。作者全文的主題，是要有事於無事之時，其實就是在無事之時要有所作為。考察、選拔人才，為光復中原統一國家作準備，自然是重要議題。而現在的情況卻不容樂觀，像趙鼎、

張浚這樣的賢相和岳飛、韓世忠這樣的猛將都沒有出現，沒有金人所忌憚的人物，才是朝廷所必須解決的問題。

楊萬里還是當時重要的學者，對經部、史學以及諸子之學皆有獨到見解，他應袁樞之邀所作《通鑑紀事本末敘》是一篇有重要意義的史學文章：

初，予與子袁子同為太學官，子袁子錄也，予博士也。志同志，行同行，言同言也。後一年，子袁子分教嚴陵。後一年，予出守臨漳，相見於嚴陵，相勞苦，相樂，且相楛以學。子袁子因出書一編，蓋《通鑑》之本末也。予讀之，大抵挈事之成以後於其萌；提事之微以先於其明。其情匿而泄，其故悉而約，其作宛而樞，其究遐而邇。其於治亂存亡，蓋病之源、醫之方也。

予每讀《通鑑》之書，見事之肇於斯，則惜其事之不竟於斯。蓋事以年隔，年以事析，遭其初，莫繹其終；攬其終，莫志其初。如山之峨，如海之茫。蓋編年繫日，其體然也。今讀子袁子此書，如生乎其時，親見乎其事，使人喜，使人悲，使人鼓舞未既而繼之以歎且泣也。

嗟乎！由周秦以來，曰諸侯，曰大盜，曰女主，曰外戚，曰宦官，曰權臣，曰夷狄，曰藩鎮，國之病亦不一矣，而其源不一哉！蓋安史之亂，則林甫之為也，藩鎮之亂，則令孜之為也，其源不一哉！得其病之之源，則得其醫之方矣。此書是也。

有國者不可以無此書，前有奸而不察，後有邪而不悟；

學者不可以無此書，進有行而無征，退有蓄而無宗。此書也，其入《通鑑》之戶歟？雖然，覲人之病，戚人之病，理人之病，得人之病，至於身之病不懵焉，不諱焉，不醫之距焉，不醫而繆其醫焉，古亦稀矣。彼暗而此昭，宜也切於人。紓於身，可哀也夫！（《通鑑紀事本末》卷首）

袁樞所著《通鑑紀事本末》，開創了我國歷史著作紀事本末體這一重要的新體裁。四庫館臣稱此書：「樞乃自出新意，因司馬光《資治通鑑》區別門目，以類排纂，每事詳起訖，自為標題。每篇各編年月，自為首尾。始於三家之分晉，終於周世宗之征淮南，包括數千年事蹟，經緯明晰，節目詳具，前後始末，一覽了然，遂使紀傳編年貫通為一，實前古之未見也。」袁氏將《通鑑》內容，繹出二百九十三事，以事分類，詳敘其發生始末，文字則照錄《通鑑》原文，一字不易。我國古代歷史著作，在袁氏之前主要有紀傳、編年兩類，而袁氏之後便有紀事本末體，這部書可謂是一創舉。《四庫總目》立紀事本末體一目，即以袁氏此書為首。楊萬里與袁樞長期共事，又志同道合，應袁氏相邀，欣然命筆，寫下了這篇序文。文章先寫與袁樞的友情，再寫此書的特點。作者指出《通鑑》的不足，主要是編年體本身的問題。因為編年體以時間為序紀事，有些重大事件，時間跨度很大，比如，「秦並六國」是一漫長的過程，一直從周顯王七年（前 362）到秦始皇二十六年（前 221），時間跨度為一四二年。作為編年體史書，自然不可能集中描寫這一事件，而紀事本末體則可以 繹出來，從頭到尾地敘寫。誠齋所謂：「蓋事以年隔，年

以事析，遭其初莫繹其終，攬其終莫志其初」，的確是中肯之言。文中肯定袁書的價值，是站在以史為鑑的角度，這符合作者著書的目的，當然也是司馬光著《資治通鑑》的目的，袁樞是一大功臣，所以誠齋稱《紀事本末》已經登堂入室。此文數百年來與《通鑑紀事本末》合刊，亦可見歷代刊刻者，都認可誠齋的評價，對於學者研究此書無疑具有重大價值。

楊氏的辭賦成就很高，如《浯溪賦》，是宋代文賦中的佳作：

予自二妃祠之下、故人亭之旁，招搖漁舟，薄遊三湘。風與水兮俱順，未一瞬而百里。欻兩峰之際天，儼離立而不倚。其一怪怪奇奇，蕭然若仙客之鑒清漪也；其一謇謇諤諤，毅然若忠臣之蹈鼎鑊也。怪而問焉，乃浯溪也。蓋高亭峙其南，峿台巋其北；上則危石對立而欲落，下則清潭無底而正黑，飛鳥過之而不敢立跡。予初勇於好奇，乃疾趨而登。挽寒藤而垂足，照衰容而下窺，忽焉心動，毛髮森豎。乃跡故步，還至水滸，剝苔讀碑，慷慨弔古。倦而坐於釣磯之上，喟然歎曰：

惟彼中唐，國已膏肓，匹馬北方，僅或不亡。觀其一日不過日殺三庶，其人紀有不斁矣。夫曲江為篋中之羽，雄狐為明堂之柱，其邦經有不蠹矣。夫水蝗稅民之畝，融、堅椎民之髓，其天人之心有不去矣。夫雖微逆祿兒，唐獨不隕厥緒哉？觀馬嵬之威垂渙，七萃之士欲離，殫尤物以說焉，僅平達於巴西。籲！不危哉！

嗟乎！楚則失矣，齊亦未為得也。靈武之履九五，何其
亟也！宜忠臣之痛心，寄《春秋》之二三策也！雖然，天下
之事不易於處，而不難於議也。使夫謝奉策於高邑，將稟命
於西帝。遺人欲以圖功，犯眾怒以求濟。天下之士果肯欣然
為明皇而至死哉？蓋天厭不可以複祈，人潰不可以複支，何
哥舒之百萬，不如李、郭千百之師！推而論之，事可知矣。
且夫士大夫之捐軀以從吾君之子者，亦欲附龍鳳而攀日月，
踐台門而盟帶礪也；複菠以毫荒，則夫幹庭萬旗，一呼如響
者，又安知其不掉臂也耶？古語有之：「投機之會，間不容
礱。」當是之時，退則七廟之忽諸，進則百士之揚觶。嗟肅
宗之處此，其實難為之，九思而未得其計也。

已而舟人告行，秋日已晏。太息登舟，水駛如箭。回瞻
兩峰，江蒼然而不見。

浯溪在湖南祁陽西南，是湘江支流。唐代文學家元結曾任道
州刺史，愛其山水秀美，因築室溪旁樓居，命名為浯溪。元結曾
作《大唐中興頌》，讚頌唐肅宗平定安史之亂、中興唐王朝的豐
功偉績。文中為尊者諱，將動亂根源歸罪於奸臣當道和邊將驕
橫，而似乎與玄宗沒有關係。楊萬里路過浯溪，閱讀元結的碑
文，頗多感慨，寫了一首詩和一篇賦。第一段為賦的序文，寫自
己探幽尋勝，來到浯溪，有機會讀到元結的碑文。這塊碑文由書
聖顏真卿書寫，刻在浯溪石壁之上，是著名的文物，後世許多文
人都為此寫過懷古之作。如宋代黃庭堅、張耒、李清照就這一題
材寫下了著名作品，皆就安史之亂一事發表各自見解。像張耒讚

頌唐朝中興,與元結的頌詞相類,而李清照處於國破家亡之際,則不同意元結的觀點,認為唐代動亂亂由是政治腐敗,而不是女禍或者僅僅因為奸臣當道。文章第二段,開首直言唐玄宗政治腐敗,國家已病入膏肓。一是人紀敗壞,玄宗日殺三子;二是邦經已蠹,賢相張九齡被貶黜,奸佞楊國忠受重用;三是天怒民怨,苛捐雜稅百姓不堪負擔。即使沒有安祿山,唐朝的危機亦不遠了。第三段寫肅宗在靈武繼位,有倉促之嫌,但又可以理解。玄宗已失去民心,將士不願為之拼命,又遠離中原,無法領導平亂。而肅宗一呼百應,將士奮力。這時候如果肅宗謙讓則唐朝危險,繼位則朝野鼓舞。所以肅宗的擅自繼位是可以理解的。楊氏的這番議論似乎有點迂腐,肅宗時代已過去二百多年,而且在當時也沒有什麼議論,那麼為什麼還要重提這一問題呢?在帝制時代,君臣、父子為人倫中最重要的綱常,玄宗與肅宗的關係既是父子又是君臣,肅宗擅自稱帝並未告知其父,亦未得到允許,按常理來說是不合適的。宋代儒學興盛,在唐代看來不存在異議的事情,宋儒往往刨根問底,總會弄出問題來。此賦為肅宗辯解,其實還有更深一層的含義。玄宗晚年政治腐敗,頗似北宋末年徽宗的亂政,金人進犯其實只是外因,而主要原因還在於君主昏庸。南宋高宗自立為帝,雖說是眾臣擁戴,其情景亦與唐代有相類似之處。

　　楊萬里的傳記散文也有傑作,所作《張魏公傳》是長篇傳記,有萬餘字。傳主是作者恩師,又是南宋初期的名臣。作者特別熟悉張浚生平事蹟,南宋創立之初政權極不穩定,外有強敵逼迫,內有叛逆之臣。張浚挺身而出,外拒強敵,內安朝廷,不愧

為棟樑之臣。傳中所記，皆關鍵時刻張浚護國安邦的重要作用，其權謀勇氣能力，皆成為高宗的支柱。如徽宗及鄭皇后死於北方：

　　問安使何鱗歸報我徽宗皇帝與甯德皇后俱上仙，高宗號慟擗踴，哀不自勝。浚奏曰：「天子之孝，與士庶人不同，必思所以承宗廟，奉社稷者。今梓宮未返，天下塗炭。願陛下揮涕而起，一怒而安天下之民。乞降詔諭中內。」高宗命浚草以進，其辭哀節。又請命諸大將率三軍發哀成服。中外感動矣。乘輿發平江，至建康。幾事叢委，浚獨身任之，人情賴浚以安。每見必深言仇恥之大，至反覆再三，高宗未嘗不改容流涕。時高宗方勵精克己，戒飭宮庭內侍，無敢越度。事無巨細，必以諮浚。賜諸將詔旨，往往命浚草之。四方災異，浚必以聞，祥瑞皆不奏。

　　這段時期，張浚是高宗的主要謀臣，獨立為相。朝中的大小事情，高宗無不言聽計從。徽宗及皇后仙逝，高宗手足無措，哀不自勝。張浚十分冷靜，一邊請求皇帝節哀順變，以社稷以重，另一方面向中外發喪，要求將士化悲痛為力量。讓皇帝振奮起來，勵精圖治。為了不斷警醒高宗，每見必言深仇大恨。各地災異向朝廷報告，而所謂祥瑞則不上奏。這一片斷文字可見張浚具有雄材大略，謀略周全而不慕虛名，可稱為朝廷的棟樑股肱。

第四節 ▶ 洪邁及家族的散文創作

在南宋前期政壇和文壇，洪适、洪遵、洪邁三兄弟都是響噹噹的人物。其父洪皓曾出使金朝，《宋史》卷三七三論曰：「皓留北十五年，忠節尤著，高宗謂蘇武不能過，誠哉！然竟以忤秦檜死，悲夫！其子适、遵、邁相繼登詞科，文名滿天下，适位極台輔，而邁文學尤高，立朝議論最多，所謂忠義之報，詎不信夫？」三兄弟長兄官做得最大，位極人臣做到宰相，三弟文名最盛。三人都考中博學宏詞，這對士大夫來說是極大榮耀。

洪皓（1088-1155），饒州鄱陽（今屬江西）人，徽宗政和年間進士，高宗建炎初，假禮部尚書，出使金朝，金人逼迫他任職偽齊劉豫小朝廷，以死抗爭，堅決不從，被金人流放達十五年之久。回朝後，又以議論忤權臣秦檜，被逐出朝。《宋史》卷三七三與其三子合傳。現存《松漠紀聞》一書，是他羈留金朝所作筆記，記載金朝的地理風俗以及北地人物事蹟，其中頗有可觀者。如：

> 金國之法，國人官漢地者皆置通事（即譯語官也，或以有官人為之），上下輕重，皆出其手，得以舞文招賄，三二年致富，民俗苦之。有尼楚赫大王者（金宗室子，封金源郡王），以戰多貴顯，而不熟民事。嘗留守燕京。有民數十家，負富僧金六七緡，不肯償。僧誦言申訴，逋者大恐，相率賂通事，祈緩之。通事曰：「汝輩所負不貲，今雖稍遷延，恐不能免。苟能厚謝，我為汝致其死。」皆欣然許諾。

僧既陳牒，跪聽命。通事潛易它紙，譯言曰：「久旱不雨，僧欲焚身動天，以蘇百姓。」尼楚赫笑，即書牒尾，稱「賽音」者再。廷下已有牽擺官，二十輩驅之出。僧莫測所以，扣之，則曰：「賽言，好也，狀行矣。」須臾出郭，則逴者已先期積薪，擁僧於上，四面舉火，號稱冤枉，不能脫，竟以焚死。（卷二）

顢頇愚昧的親王，草菅人命的通事，惟利是圖的刁民以及無辜冤死的僧人，文章著墨不多，但各色人等皆栩栩如生，躍然紙上。這一故事令人觸目驚心，駭人聽聞。

洪適（1117-1184），字景伯，自號盤洲老人。洪皓長子。因父出使金朝，補修職郎。紹興十二年與弟遵同中博學宏詞科。翌年，父自金歸朝，忤秦檜，貶官英州安置，洪適亦免官。孝宗時，始得重用，遷翰林學士，兼中書舍人，累官至同中書門下平章事（宰相）兼樞密使，封魏國公，卒時諡「文惠」。今存《盤洲文集》八十卷。《宋史》本傳言：「紹興十二年，與弟遵同中博學宏詞科。……後三年，弟邁亦中是選，由是三洪文名滿天下。」宋人最重詞科，蘇軾蘇轍兄弟曾連袂中選，一時稱盛。「三洪」幾乎同時中選，亦為一時佳話。《宋史》作者以為是洪皓「忠義之報」。

洪適長期擔任中書舍人一職，當時朝廷內外制文多出其手，所作這類文章典雅莊重，文采富贍，頗具廊廟之風。如《代宰臣賀正旦雪表》：

三微更始，正王道之大端；六出飛花，兆年豐之嘉慶。
自近及遠，式舞且歌。竊以葭律移灰，方陬月棣通之際；椒
花獻頌，正洪禧萃聚之時。蓋聖人之德無加，則天瑞應誠而
至。葵心向日，方瞻鳳曆之頌；柳絮因風，已發兔園之詠。
雜軒墀之玉砌，成宮闕之瑤台，實一人有慶之符，示百穀用
成之應。良史直筆，已書尺地之珍；太師陳詩，行播千倉之
什。茲蓋恭遇皇帝陛下履端於始，與物為春，惟盛德上合於
天，故圓穹不愛其道。既頌聲之並作，致協氣以橫流。七政
齊於璿璣，有合璧連珠之瑞；四時和為玉燭，無鳴條破塊之
災。故茲五穀之精，降此一歲之始。臣濫司台柄，獲睹休
祥。變理陰陽，大懼絲毫之亡補；勤勞稼穡，行觀廩倉以皆
盈。仰望龍顏，徒深鼇抃。（卷二八）

　　正月一日，老天降雪，古人認為這是祥瑞。朝臣自然要上表
皇帝恭賀。這篇賀辭是上表中最為常見的駢儷文，四六句。對仗
極為工整，如「良史」以下，良史對太師，直筆對陳詩，尺地對
千倉，皆很講究。辭藻亦很工麗，如形容雪後景致「雜軒墀之玉
砌，成宮闕之瑤台」，切合皇宮的情景，如果用在別處就不合適
了。代宰臣寫賀表其實是代表百官所作。
　　在文集卷三〇至卷三二中收有許多遊記作品，有極優秀的作
品。如《碧落洞記》：

　　自通天岩南行六七里，有洞曰碧落。前後穹壁堵立，刓
中如虹橋，有澗水從南來西折，直貫而東。廣或倍尋或數

尋，深不及仞，觸石有聲，如鳴環，如奏琴。多石，群魚班班然，白黑成文，群嬉若無人。乳蓋殊狀，垂光紺爛，洗雲茹日，山含餘滋。水南一石高丈餘，其巔有蛻骨，後人斫函以周之，登其西崖，可望兩崖中斷，前往不克。水北地平坦，可陳幾席，咸植杖而休焉。

是日也，氣淑風柔，長松老榕，分影入懷，心由境清，堨墲自遠茗退抵上流，書杯浮之，令曰得一字者酌一分，眾皆離蟠石接杯第飲，數多者則雜然以笑。雖事未方古，而歡亦自足。洞口有蹲石，具吻鼻，曰蟾蜍惟肖。外有穴，名雲華室，而進可十許丈，石中綻如戶隙小竇在旁，皆不可入。昔有燔薪通天岩者，煙自室中出。唐周夔謂之到難。予以省親嗣歲再至，則到殊不難也。桑榆收照，僕駕請回，循澗東北行采甘菊，香留舌本，返顧猿鳥，樂不汝如。涉澗穿叢蘆、出松徑，不一舍到郡。（卷三一）

洪皓因得罪秦檜，貶謫英州，洪適亦隨父罷官。據本傳載：「皓謫英州，適複論罷，往來嶺南省侍者九載。」這篇遊記即作於他陪侍父親貶謫英州時，英州現屬廣東韶關，宋代屬荒涼地區。遊記文字不長，寫碧落洞周遭的山勢，洞中蜿蜒流淌的澗水，如鳴環如奏琴的水聲，自由自在的遊魚，還有光怪陸離的鐘乳石，其景引人入勝。第二段寫遊興之樂，與朋友飲酒賦詩，一派歡樂景象。文章說：「雖事未方古，而歡亦自足」，真是達人之言。並非要發思古之幽思，比肩古人，只要歡快就足夠了。洪適早年得志，這回謫貶應該說是他的人生低潮，但他仍然自得其

樂，並無怨恨之言，大有隨遇而安的境界。

洪適所作《先君述》，是記述洪皓生平事蹟的長篇傳記文，寫於洪皓剛剛去世之時，作者還在謫貶之中。敘述洪皓非凡的一生，頗多可歌可泣的事蹟。如寫他出使金國，受迫脅：

先君間關至太原，留幾一年，敵遇使人禮益削。及至雲中，其將尼堪遣與副使官偽齊。先君曰：「萬里銜命，不得禦兩宮以歸大國。度不足以有中原當還諸本朝，乃違天以奉逆豫。豫可礫萬段，顧力不能，忍事之耶？」尼堪怒，命壯士擁以下，執劍夾承之。先君不為動，旁貴人喈曰：「此真忠臣也。」止劍士以目，為跽請，尼堪怒少霽，遂流遞於冷山。

洪皓怒斥偽齊劉豫，誓死不做偽政權的官員，保持了宋王朝的使節身分和民族氣節，真是一位忠義之士。

洪遵（1120-1174），字景嚴，以父蔭，補承務郎，與兄適同試博學宏詞科，中魁選。高宗朝曾任秘書省正字、權學士院，拜中書舍人，遷翰林學士兼吏部尚書。孝宗即位，拜翰林學士承旨兼侍讀。後拜資政殿學士，提舉洞霄宮。卒，諡文安。洪遵歷任要職，亦是當時著名的文臣。有《泉志》一書，是古代最早記錄錢幣的文獻。存《翰苑遺事》十二卷。《四庫提要》云：「其書於歷代翰林典故頗為詳贍，足資考覆，錄之以備職官類之一種焉。」本書輯錄唐代相關書籍，記載唐宋兩朝翰林院典故。洪遵《題記》說：

翰苑秩清地禁，洎唐迄今為薦紳榮。遭世蒙國恩，父子
兄弟接武而進，實為千載幸遇。曩嘗萃遺事一篇，揭來建
鄴，以家舊藏李肇、元稹、韋處厚、韋執誼、楊鉅、丁居
晦，泊我宋數公有紀於此者，並刊之木。

　　洪氏父子兄弟皆先後官翰林學士，所以他關注翰苑之事，收
集相關的資料，輯錄成書，成為後世研究古代翰林院的重要史
料。

　　洪邁（1123-1202），字景盧，號容齋，洪皓第三子。紹興十
五年（1145）進士，授兩浙轉運司幹辦公事。因受秦檜排擠，出
為福州教授。秦檜死後，才逐漸被重用，高宗朝召為起居舍人、
秘書省校書郎，兼國史館編修官、吏部員外郎。孝宗時先後知吉
州（今江西吉安），後改知贛州（今江西贛州）。後入朝預修《四
朝帝紀》，又進敷文閣直學士，直學士院，深得孝宗信任。淳熙
十三年（1186）拜翰林學士。光宗紹熙元年煥章閣學士，知紹興
府。嘉泰二年（1202）以端明殿學士致仕。卒贈光祿大夫，謚文
敏。洪邁學識淵博，著作豐富，存世著作有詩集《野處類稿》、
志怪筆記小說《夷堅志》，編纂《萬首唐人絕句》、筆記《容齋
隨筆》五集等。

　　洪邁在當時極富才名，他與朱熹同時，可謂兩位最有學問的
人。他的著述之富也僅僅次於朱子。《四庫全書·野處類稿》二
卷，是他的詩集。其文章除《容齋隨筆》之外，散見於一些選本
中。他的《稼軒記》是同代人寫辛棄疾的名篇：

國家行在武林，廣信最密邇畿輔。東舟西車，蜂午錯出，勢處便近，士大夫樂寄焉。環城中外，買宅且百數。基局不能寬，亦曰避燥濕寒暑而已耳。郡治之北可里所，故有曠土存，三面附城，前枕澄湖如寶帶，其縱千有二百三十尺，其衡八百有三十尺，截然砥平，可廬以居，而前乎相攸者皆莫識其處。天作地藏，擇然後予。濟南辛侯幼安最後至，一旦獨得之，既築室百楹，度財占地什四。乃荒左偏以立圃，稻田決決，居然衍十弓。意他日釋位得歸，必躬耕於是，故憑高作屋下臨之，是為「稼軒」。田邊立亭曰「植杖」，若將真秉耒耨而為者。東岡西阜，北墅南麓，以青徑款竹扉，錦路行海棠。集山有樓，婆娑有室，信步有亭，滌硯有渚。皆約略位置，規歲月緒成之，而主人初未之識也。繪圖畀予曰：「吾甚愛吾軒，為吾記。」

　　予謂侯本以中州雋人，抱忠仗義，彰顯聞於南邦。齊虜巧負國，赤手領五十騎縛取於五萬眾中，如挾兔，束馬銜枚，由關西奏淮，至通晝夜不粒食。壯聲英概，懦士為之興起。聖天子一見三歎息，用是簡深知。入登九卿，出節使二道，四立連率幕府。頃賴氏寇作，自潭薄於江西，兩地震驚，談笑掃空之。使遭事會之來，輂中原還職方氏，彼周公瑾、謝安石事業，侯固饒為之。此志未償，顧自詭放浪林泉，從老農學稼，無亦大不可歟？

　　若予者，悵悵一世間，不能為人軒輊，乃當急須襪襦，醉眠牛背，與蕘童牧豎肩相摩，幸未鬐老時，及見侯展大功名，錦衣來歸，竟廈屋潭潭之樂，將荷笠棹舟，風乎玉溪之

上，因圍隸內謁曰：「是嘗有力於稼軒者」。侯當輟食迎門，曲席而坐，握手一笑，拂壁間石細讀之，庶不為生客。

　　侯名棄疾，今以右文殿修撰再安撫江南西路云。（《南宋文文錄》卷一〇）

　　此文作於孝宗淳熙八年（1181）。稼軒是辛棄疾在信州（今江西上饒）城北靈山下的帶湖旁建的一處居所。辛棄疾是當時著名的豪傑之士，文武全才，時任江西安撫使，是一方大員。稼軒建成之後，邀請同是名人的洪邁作記，也是文學史上的一段佳話。文章先言廣信地接京城畿輔，士大夫故樂居此地。故辛氏亦擇地築廬，建稼軒。作者記此筆調極輕盈流暢，寫稼軒周遭之景頗具田園氣息。再正面描寫辛稼軒的英雄壯舉，所謂「抱忠仗義，章顯聞於南邦」，如率五十騎勇闖敵營活擒叛徒張安國，剿滅茶商賴文政暴動等，都是顯示辛氏抱忠俠義的典型事例。作者對辛氏寄予極大希望，希望能展大功名，然後朋友相慶，才可功成身退。文章的主線由一「稼」字統領。先說「意他日釋位得歸，必躬耕於是」，再說「從老農學稼，無亦大不可」，後面說「將荷笠棹舟，風乎玉溪之上」。都與歸耕田園相關，但作者並非贊同辛棄疾躬耕田畝，而是希望他建立功勳，大功告成，然後才功成身退。文章摹寫辛氏豪士形象，頗富生氣。

　　《容齋隨筆》是有宋一代最有名的筆記，其內容十分豐富，展示作者淵博的學識，正統的價值取向。既是史料筆記，亦是學術筆記，受到歷代學人的稱頌。此書文字簡練，內涵深刻，既有極高的學術價值，又有很高的文學價值。且選幾例：

顏魯公忠義大節，照映今古，豈惟唐朝人士罕見比倫，自漢以來，殆可屈指也。考其立朝出處，在明皇時，為楊國忠所惡，由殿中侍御史出東都、平原。肅宗時，以論太廟築壇事，為宰相所惡，由御史大夫出馮翊。為李輔國所惡，由刑部侍郎貶蓬州。代宗時，以言祭器不飭，元載以為誹謗，由刑部尚書貶峽州。德宗時，不容於楊炎，由吏部尚書換東宮散秩。盧杞之擅國也，欲去公，數遣人間方鎮所便，公往見之，責其不見容，由是銜恨切骨。是時年七十有五，竟墮杞之詭計而死，議者痛之。

嗚呼！公既知杞之惡己，盍因其方鎮之問，欣然從之。不然，則高舉遠引，掛冠東去，杞之所甚欲也。而乃眷眷京都，終不自為去就，以蹈危機。春秋責備賢者，斯為可恨。司空圖隱於王官谷，柳璨以詔書召之，圖陽為衰野，墮笏失儀，得放還山。璨之奸惡過於杞，圖非公比也，卒全身於大亂之世，然則公之委命賊手，豈不大可惜也哉！雖然，公囚困於淮西，屢折李希烈，卒之捐身徇國，以激四海義烈之氣，貞元反正，實為有助焉。豈天欲全畀公以萬世之名，故使一時墮於橫逆以成始終者乎！（《容齋續筆》卷一）

這是一篇史論，是作者讀史時的雜感。顏真卿是唐代偉大的書法家，也是著名的忠直剛烈之士。一位正直的忠義之士，在是非顛倒的政治狀況之下，從來都是不合時宜的。真卿在玄宗朝因對楊國忠以一己之忿排擠宋渾，表示強烈不滿，得罪楊國忠，出朝任平原太守。任平原太守時，正逢安祿山謀反，他預知安必

反，早做防範，安史叛軍橫掃河朔，惟獨平原城固守。肅宗收復兩京，真卿建議：「太廟為賊毀，請築壇於野，皇帝東向哭，然後遣使。」這番建議只是春秋之義，但卻得罪了宰相，又貶官。回朝後，不經意又得罪了權璫李輔國，又貶官外放。代宗朝，元載執政，多用私黨，又企圖堵塞言路，真卿上疏力言不可。元載反誣告他誹謗，結果又是貶官。德宗朝，因為正直敢言，屢與宰相楊炎齟齬，投閒置散。盧杞是中唐時大奸臣，對真卿更是銜恨切骨，設計除掉真卿。使其赴叛軍李希烈軍中招諭，真卿清楚此行凶多吉少，毅然不顧安危。到李希烈營中，指斥叛亂，維護朝廷，被縊殺。《新唐書‧顏真卿傳》評道：「晚節偃蹇，為奸臣所擠，見殞賊手。毅然之氣，折而不沮，可謂忠矣。……嗚呼！雖千五百歲，其英烈言言，如嚴霜烈日，可畏而仰哉！」洪邁十分景仰這位仁人志士，用極簡練的文字敘寫其平生忠義大節。自然史論至此並未完結，作者又以晚唐司空圖隱居遠害，設法拒絕柳璨的招納來作對比分析。司空圖全身而退，而顏真卿卻死於賊手。難道是司空圖更識時務明哲保身嗎？當然不是，而是通過自身的徇國，激四海義烈之氣，有助於國家的平叛，所以成就萬世之名。再如：

　　李林甫為宰相，妒賢嫉能，以裴耀卿、張九齡在己上，以李適之爭權，設詭計去之。若其所引用，如牛仙客至終於位，陳希烈及見其死，皆共政六七年。以兩人伴食諸事，所以能久。然林甫以忮心賊害，亦不朝慍暮喜，尚能容之。秦檜則不然，其始也，見其能助我，自冗散小官，不三二年至

執政。史才由禦史檢法官超右正言，遷諫議大夫，遂簽書樞密。施鉅由中書檢正、鄭仲熊由正言，同除吏部侍郎。方受告正謝，施即參知政事，鄭為簽樞。宋朴為殿中侍御史，欲驟用之，令臺中申稱本臺缺檢法主簿，須長貳乃可辟。即就狀奏除侍御史，許薦舉，遽拜中丞，謝日除簽樞，其捷如此。然數人者不能數月而罷。

楊願最善佞，至飲食動作悉效之。秦嘗因食噴嚏失笑，願於倉卒間，亦陽噴飯而笑，左右侍者哂焉。秦察其奉己，愈喜。既屢歲，亦厭之，諷禦史排擊而預告之，願涕淚交頤。秦曰：「士大夫出處常事，何至是？」願對曰：「願起微賤，致身此地，已不啻足，但受太師之恩，過於父母，一旦別去，何時復望車塵馬足邪？是所以悲也。」秦益憐之，使以本職奉祠，僅三月起知宣州。李若穀罷參政，或曰：「胡不效楊原仲之泣？」李河北人，有直氣。笑曰：「便打殺我，亦撰眼淚不出。」秦聞而大怒，遂有江州居住之命。

秦嘗以病謁告，政府獨有余堯弼，因奏對，高宗訪以機務一二，不能答。秦病癒入見，上曰：「余堯弼既參大政，朝廷事亦宜使之與聞。」秦退，扣余曰：「比日榻前所詢何事？」余具以告。秦呼省吏取公牘閱視，皆已書押。責之曰：「君既書押了，安得言弗知？是故相賣耳！」余離席辯析，不復應，明日台評交章。段拂為人憒憒，一日，秦在前開陳頗久，遂俯首瞌睡。秦退始覺，殊窘怖，上猶慰拊之。少頃，還殿廊幕中。秦閉目誦佛，典客贊揖至三，乃答。歸政事堂，窮詰其語，無以對，旋遭劾，至於責居。湯思退在

樞府，上偶回顧，有所問。秦是日所奏，微不合。即云：
「陛下不以臣言為然，乞問湯思退。」上曰：「此事朕豈不
曉，何用問他湯思退？」秦還省見湯，已不樂，謀去之。會
其病，迫於亡，遂免。考其所為，蓋出偃月堂之上。（洪邁
《容齋隨筆》卷十五之《李林甫秦檜》）

　　此文比較兩位歷史上臭名昭著的奸相李林甫和秦檜。李林甫
是唐朝宰相，秦檜則與作者為同代人。《新唐書·李林甫傳》
說：「林甫每奏請，必先餉遺左右，審伺微旨，以固恩信，至饗
夫禦婢皆所款厚，故天子動靜必具得之。性陰密，忍誅殺，不見
喜怒。面柔令，初若可親，既崖穽深阻，卒不可得也。公卿不由
其門而進，必被罪徙；附離者，雖小人且為引重。……林甫有堂
如偃月，號月堂。每欲排構大臣，即居之，思所以中傷者。若喜
而出，即其家碎矣。」李林甫將名相張九齡排擠出朝之後，專橫
跋扈，專用牛仙客、陳希烈一類的庸碌附勢之人為相，又廣引爪
牙為官，一時朝廷烏煙瘴氣。這樣的大惡大奸與秦檜相比，仍然
是小巫見大巫。作者以具體事例說明秦檜超常擢升一些奸佞小人
為高官，甚至從冗散小官不三二年提拔至執政。《宋史·秦檜傳》
所載可與洪邁文章參照：「檜兩據相位，凡十九年，劫制君父，
包藏禍心，倡和誤國，忘仇斁倫。一時忠臣良將，誅鋤略盡。其
頑鈍無恥者，率為檜用，爭以誣陷善類為功。……附己者立與擢
用。自其獨相，至死之日，易執政二十八人，皆世無一譽。……
率拔之冗散，遽躋政地。既共政，則拱默而已。」一時朝廷重
臣，皆被貶逐，奸佞之輩，彈冠相慶。文中的楊願那副逢迎趨勢

的嘴臉，令人可憎。後面所舉諸人余堯弼、湯思退皆為秦檜餘黨，即使如此，秦檜依然寡恩薄情，可見其陰險至極，居心叵測。

第七章

朱熹及理學家的古文創作

　　朱熹與周必大和楊萬里是同時代人而略晚一些，是宋代理學的代表人物。從儒學發展史的角度來看，其影響和地位僅次於孔子。朱子的學識淵博，又才情過人，使其成為既是當時最重要的學者，又是當時重要的文學家。他的著述之富，在有宋一代首屈一指。對於這樣一位大師級的歷史人物，多角度的研究汗牛充棟，成為現今學術界的顯學。我們在此僅討論朱子的散文成就。

　　與之相關的是他的叔祖朱弁和父親朱松都富有才情，古文創作很有成就。

　　江西是宋代理學重陣，理學家陸九淵兄弟在當時也是著名人物，我們在本章綜合論述。

第一節 ▶ 朱弁、朱松的古文創作

　　朱弁（?-1144），字少章，徽州婺源（今江西婺源）人。靖康之難，逃難南歸。建炎初奉旨為通問副使，出使金朝。金人逼迫他出任偽齊官職，誓死不從。滯留十七年始歸宋朝，上書高宗：

人之所難得時，而時之運無已；事之不可失者機，而機之藏無形。惟無已也，故來遲而難遇；惟無形也，故動微而難見。陛下與金人講和，上返梓宮，次迎太母，又其次，則憐赤子之無辜，此皆知時知機之明驗。然時運而往，或難固執；機動有變，宜鑒未兆。盟可守，而詭詐之心宜嘿以待之；兵可息，而銷弭之術宜詳以講之。金人以黷武為至德，以苟安為太平，虐民而不恤民，廣地而不廣德，此皆天助中興之勢。若時與機，陛下既知於始，願圖厥終。

朱弁希望皇帝掌握時機，隨時防範強敵，力圖恢復大計。這番言論得罪了力主和議的秦檜，官終直秘閣。《宋史》卷三七三有傳。關於他的文學創作，本傳說：「弁為文慕陸宣公，援據精博，曲盡事理。詩學李義山，詞氣雍容，不蹈襲其險怪奇澀之弊。」有《曲洧舊聞》十卷。《四庫全書》引清高宗題《曲洧舊聞》四首，其三云：「汴都掌故頗傳真，說部非同耳食倫。何事臨安安半壁，冰天雪窖忘君親。」《四庫提要》云：「書當作於留金時，然皆追敘北宋遺事，無一語及金，故曰《舊聞》。……所記多當時祖宗盛德及諸名臣言行。而於王安石變法、蔡京紹述分朋角立之，故言之尤詳，蓋意在申明北宋一代興衰治亂之由深，於史事有補，實非小說家流也。」《舊聞》一書主要記載北宋帝王將相的軼事，文字清新可喜，頗有可觀者，如：

太祖皇帝龍潛時，雖屢以善兵立奇功，而天性不好殺。故受命之後，其取江南也，戒曹秦王、潘鄭王曰：「江南本

無罪，但以朕欲大一統，容他不得。卿等至彼，慎勿殺人。」曹、潘兵臨城久之不下，乃草奏曰：「兵久無功，不殺無以立威。」太祖覽之赫然，批還其奏曰：「朕寧不得江南，不可輒殺人也。」逮批詔到，而城已破。契勘城破，乃批奏狀之日也，天人相感之理，不亦異哉！其後革輅至太原，亦徇於師曰：「朕今取河東，誓不殺一人。」大哉仁乎！自古應天一四海之君，未嘗有是言也。（卷一）

宋太祖是歷史上了不起的開國君主，他篡權的手段與五代十國時的軍閥並無不同，但是其高明之處在於能夠接受前代教訓，不以暴力恐懼來維繫政權，而是施行仁政，不濫殺無辜。雖然出身於行伍，但不喜殺戮。當曹彬、潘美率大軍進攻南唐，這是宋朝統一中國的最關鍵一仗，為了不濫殺無辜，皇帝居然說：「朕寧不得江南，不可輒殺人也」，百姓生命重於疆土，尊重生命的皇帝自然值得尊重。據《涑水紀聞》記載，曹彬為帥攻打西蜀，亦與眾將約法三章，不准濫殺無辜，顯然是受了太祖的囑託。又如：

　　范諷知開封府，日有富民自陳：「為子娶婦，已三日矣，禁中有指揮令入見，今半月無消息。」諷曰：「汝不妄乎！如實有茲事，可只在此等候也。」諷即乞對，具以民言聞奏，且曰：「陛下不邇聲色，中外共知，豈宜有此況。民婦既成禮，而強取之，何以示天下？」仁宗曰：「皇后曾言近有進一女，姿色頗得，朕猶未見也。」諷曰：「果如此，

願即付臣，無為近習所欺，而怨謗歸陛下也。臣乞於榻前交割此女，歸府面授訴者。不然，陛下之謗戶曉也。且臣適已許之矣。」仁宗乃降旨，取其女與諷。諷遂下殿。（卷三）

這段簡短的文字是一篇十分具有可讀性的故事，情節很完整，形象亦很生動。范諷知開封府，相當於現在的北京市市長。市民中出了女兒失蹤這樣的事情，自然要為民請命，進行追查，但這一事件涉及到宮禁和皇帝。但作為朝廷命官的范諷卻毫不畏懼，直接上殿與皇帝對質。范諷是一副得理不讓人的架式，首先確認是否有這件事，然後恁是守著皇帝降旨，將此女帶出來方才甘休。仁宗皇帝亦很寬宏大度，據實回答范諷的問題，而且爽快地答應了范諷的要求，將此女放出。宋仁宗可能算不上很有作為的皇帝，但卻是一位寬容大度的仁慈之君。

科舉自罷詩賦以後，士趨時好專以三經義為捷徑。非徒不觀史而於所習經外，他經及諸子無複有讀之者。故於古今人物及時世之治亂興衰之跡，亦漫不省。元祐初，韓察院以論科舉改更事嘗言：「臣於元豐初差對，讀舉人試卷，其程文中。或有云古有董仲舒，不知何代人？」當時傳者莫不以為笑。此與寫陵時省試，舉子於簾前上請云「堯舜是一事兩事」絕相類，亦可怪也。

古語云：「大匠不示人以璞。」蓋恐人見其斧鑿痕跡也。黃魯直於相國寺得宋子京《唐史稿》一冊，歸而熟視之，自是文章日進。此無他也，見其竄易句字，與初造意不

同而識其用意所起故也。讀歐公文疑自肺腑流出，而無斫削工夫。及見其草，逮其成篇與始落筆，十不存五六者，乃知為文不可容易。班固云：「急趨無善步，良有以也（卷三）。」

王安石執政後，改革科舉制度，取消考詩賦，以其所編《三經新義》取士，認為考詩賦是取文士而不是取官吏。但這樣也帶來另外的問題，舉子專攻《三經新義》，而不讀與考試無關的書，於是鬧出很多笑話，以至於不知道董仲舒是哪朝人，不知道堯舜是二位聖王。後一則，論古人作文不易，宋祁、歐陽脩、黃庭堅都具有傑出才華，然其作文卻不厭修改，以至於定稿與初稿面目全非。有些篇目刻畫人物畫龍點睛，栩栩如生，直可追步《世說新語》：

> 曾子固性矜汰，多所傲忽。元豐中，為中書舍人，因白事都堂，時子厚為門下侍郎，謂之曰：「向見舍人《賀明堂禮成表》，真天下奇作也。」曾一無辭讓，但複問曰：「比班固《典引》如何？」章不答，語同列曰：「我道休撩撥。」蓋自悔失言也。

> 徐德占雖與子固俱為江西人，然生晚，不及相接。子固中間流落外郡十餘年，迨複還朝，而德占驟進至御史中丞。中丞在法不許出謁，而子固亦不過之。德占以其先進，欲一識其人，因朝，路相值，迎接甚恭。子固卻立曰：「君是何人？」德占因自敘，子固曰：「君便是徐禧！」即頷之而

去。（卷六）

　　用兩個小故事，便將曾鞏自負高傲的個性刻劃得極生動，比讀一篇《曾鞏傳》印象更深刻。讀曾鞏的文章，在人們心中似乎是一位莊重謙恭的君子，絕不會看出他的自負和傲氣。但這位高傲的子固先生似乎更可愛。

　　朱松（1097-1143）字喬年，號韋齋，政和八年（1118）進士，累官至吏部員外郎。以言事忤秦檜，出知饒州。有《韋齋集》十二卷，其中古文存六卷。《四庫提要》稱：「松早友李侗，晚折秦檜，其學識本殊於俗，故其發為文章，氣格高遠。」現存文章多為議論文，格調甚高，文風遒勁。有《策問八首》，是為朝廷取士而準備的策論題目，頗能顯示其文章特點，如其一：

　　　天下未嘗無非常之變也。然有國有家者或因變以成功，豈非在其君臣相得之際哉？小白遭無知之變，而管仲相齊以霸諸侯；句踐脫會稽之難，而范蠡佐越以滅吳；昭王承子噲之亂，而樂毅佐燕以報齊。是皆傾擾閒虞之餘，自他人觀之，疑若偍然不可以終日。而三君子之為其君謀也，僅若寓物鄰家而明日取之，無不如志。觀其謀國應變之方，雖不可以枚舉，然莫不有一定之計。君臣相與，固守而力行之。蓋夷吾之霸齊，是制國寓軍之法而已。蠡之圖吳，是驕敵以待變而已。毅之報齊，是求諸侯之援而已。夫謀其國與謀人之國，苟無屹然不變之計，而依違俯仰，以僥倖於倉卒之間，亦見其疏也。國家承平垂二百年，比緣奸人擅朝，腐夫弄

兵，馴致戎夷內侮之禍，實有宋臣子萬世必報之仇。恭惟聖天子憂勞側席，日延外廷之議，其深謀至慮不得而知也。敢問諸君亦有一定之計，當固守力行而不變，如古人之為其君謀者乎？夫考古以施今，非謂已陳之跡，意圖回內外本末緩急之序，當有可言者，有司願與聞焉。（卷八）

宋人重策問，眾多文章家都有擬就的策問題目，這些題目猶如我們現在的考試題庫。策問重在引經據典，這篇策問題引用了春秋戰國時期管仲輔佐齊桓公、范蠡輔佐句踐、樂毅輔佐燕昭王打敗強敵成就霸業的故事，說明君臣相得是國家強盛的必備條件。問題是管仲、范蠡、樂毅等良臣都能因時制宜，面對不同情況制定不同策略都取得巨大成功。那麼，現在要問應試舉子，在當前國家困頓之時，有何良策能為天子分憂，為朝廷解難？策問大抵出自朝廷文臣之手，熟悉典故，精通儒學，又善文章。文中所列典故通常並不冷僻，但要說的道理卻有相當的難度。比如本文要舉子為朝廷出謀劃策，不是容易的事情。

在《韋齋集》中，有幾篇文章談到朱氏的家族情況，是研究朱子家世的第一手資料，如《錄曾祖父作詩後序》：

唐人陶雅為歙州，初克婺川，天祐中，吾祖以雅之命主婺川輸賦，總卒三千人戍之。邑屋賴以安，因家焉。是為婺州吳郡朱氏之始祖。蓋初來於歙之黃墩。今歙民有朱氏秋祭或用魚鱉者皆族也。家婺源者，貲產甚富，有三子，事南唐補承旨常侍之號。其後多有散居他郡者，家父歙溪府君，即

其曾孫也。繼其居第二百年不徙。府君有從兄，少孤力學，有時名，咸平中以鄉薦試南宮，不利還家，隱於卜肆，不求聞達。天聖中老死無嗣，府君為治後事。歙溪府君少倜儻，事繼母甚謹。嘗從兄學詩，知其大要。大中祥符甲寅歲，宮贊杜公為婺源，使居吏籍二十年，明於法律，而鄉里無怨言。景祐甲戌辭吏事，歸治生業，雖煩劇中，賦詩自如也……。詩立意教化，而不苟作，識者以為自成一家。（卷九）

將婺源朱氏的來歷交代得很清楚。

第二節 ▶ 朱熹的文論與古文創作

朱熹（1130-1200），字元晦，號晦庵，別稱紫陽，宋徽州婺源（今屬江西）人。紹興十八年（1148）進士，孝宗時曾知南康軍、提舉浙東常平茶鹽公事。寧宗時，宰相趙汝愚賞識他，回朝任侍講、秘閣修撰等職。後權臣韓侂冑執政，排擠趙汝愚，朱子受到牽連，其學被斥為偽學，七年之後才解禁。朱子是宋代理學的集大成者，也是當時最重要的學者。他的學術成就是全方面的，是當時百科全書式的學者。作為文學家，其詩文也同樣成就卓著。

朱熹文論簡述　朱子論文繼承了周敦頤和二程文以載道的思想，周敦頤說：「文所以載道，猶車所以載物，故為車者必飾其

輪轅，為文者必善其詞說，皆欲人之愛而用之。然我飾之而人不用，則猶為虛飾，而無益於實。況不載物之車，不載道之文，雖美其飾，亦何為乎？」（《周元公集》「文辭第二十八章」）這個比喻十分清楚，文為載道之器，猶如車為載物之器。雖然車常有裝飾，文有修飾，但這只是使人喜愛而已，並非車與文的功用。他的學生陳才卿說：「文者貫道之器，且如六經是文，其中所道皆是這道理。」朱子不同意這一說法：「不然，這文皆是從道中流出，豈有文反能貫道之理！文是文，道是道，文只如吃飯時下飯耳。若以文貫道，卻是把本為末，以末為本。」（《朱子語類》卷八）在我們看來，陳才卿說「文者貫道之器」，已經是道學家的言論，朱子覺得還不到位，在他看來，文完全是道的附庸，本身就是從道中流出。

朱子過份強調道的作用，所以他對蘇軾等文章家既重道又重文的觀點表示不滿：

> 道者文之根本，文者道之枝葉。惟其根本乎道，所以發之於文，皆道也。三代聖賢，文章皆從此心寫出，文便是道。今東坡之言曰：「吾所謂文，必與道俱」，則是文自文道自道，待作文時，旋去討個道來，入放裡面，此是他大病處。（《語類》卷一三九）

東坡文必與道俱之言，亦是道文合一的意思，只是他認為文與道是並重的。而朱子亦是文道合一，只是文是道的附庸，二者的關係是不一樣的。基於這樣的文道觀，他認為作文務求明理載

道，文采是不必追究的。他雖然不像程頤那樣直接說「作文害道」，但也表達過差不多的意思，他在《答徐載叔》一文中說：「所喻學者之害，莫大於時文，此亦救弊之言。然論其極，則古文之與時文，使學者棄本逐末，為害等爾。」辭藻豔麗的時文，注重形式，功用性不強，常常為正統士人所詬病，古文家亦常以排斥時文而彰顯道統。而朱子將時文與古文視為同道，原因在於古文在歐蘇之後，也講求技巧注重文采了。所以有害於學者，二者都是一樣的。所以他對唐代以來的文壇巨擘如韓愈、柳宗元、蘇軾等都頗有微詞，原因在於這些人文章形式精美，構思巧妙。他評論韓愈：「韓退之於大體處見得，而於作用施為處卻不曉，……緣他費工夫去作文，而於經綸實務不甚究心，所以作用不得。」這個大體是指儒家的道統，韓愈對大體有正確的認識，但是如何弘道卻不清楚。所以費盡心思去寫文章，而對經典或道統卻不上心。以道學家的水準尤其是朱熹的標準來要求韓愈，或許夠不上醇儒。但是韓氏在北宋卻是影響力巨大的古文家，歐蘇諸人對韓都有極高評價。這可能表現了古文家與道學家對作文的不同看法。韓愈是古文家，歐蘇諸人也是古文家，所以他們惺惺相惜，也是自然之事。而朱子是理學家，所以他對文采講究的古文抱有成見。

　　朱子的古文創作　朱熹過於保守的文學觀念，是長期以來占主流地位的儒學政治學者話語霸權。朱子只是將這一主流話語承續下來，並予以系統化，顯得更加縝密，更富有邏輯力量。作為一位具有非凡才華的偉大學者，朱子強調道的作用，而與前輩周、程諸人相比，朱子之文更富有文采。他在理學家中最富有文

學才情，無論詩歌還是散文成就都頗為可觀。有些文章顯然突破了他的保守的文學觀念。如《百丈山記》：

　　登百丈山三里許，右俯絕壑，左控垂崖；疊石為磴十餘級乃得度。山之勝蓋自此始。循磴而東，即得小澗，石樑跨於其上。皆蒼藤古木，雖盛夏亭午無暑氣；水皆清澈，自高淙下，其聲瀺瀺然。度石樑，循兩崖，曲折而上，得山門，小屋三間，不能容十許人。然前瞰澗水，後臨石池，風來兩峽間，終日不絕。門內跨池又為石樑，度而北，躡石梯數級入庵。庵才老屋數間，卑庳迫隘，無足觀。獨其西閣為勝。水自西谷中循石罅奔射出閣下，南與東谷水並注池中。自池而出，乃為前所謂小澗者。閣據其上流，當水石峻激相搏處，最為可玩。乃壁其後，無所睹。獨夜臥其上，則枕席之下，終夕潺潺，久而益悲，為可愛耳。

　　出山門而東，十許步，得石臺。下臨峭岸，深昧險絕。於林薄間東南望，見瀑布自前巖穴瀵湧而出，投空下數十尺。其沫乃如散珠噴霧，日光燭之，璀璨奪目，不可正視。臺當山西南缺，前揖蘆山，一峰獨秀出；而數百里間峰巒高下，亦歷歷在眼。日薄西山，餘光橫照，紫翠重疊，不可殫數。旦起下視，白雲滿川，如海波起伏；而遠近諸山出其中者，皆若飛浮往來，或湧或沒，頃刻萬變。臺東徑斷，鄉人鑿石容磴以度，而作神祠於其東，水旱禱焉。畏險者或不敢度。然山之可觀者，至是則亦窮矣。

　　余與劉充父、平父、呂叔敬、表弟徐周賓遊之。既皆賦

詩以紀其勝，餘又敘次其詳如此。而最其可觀者：石磴、小澗、山門、石台、西閣、瀑布也。因各別為小詩以識其處，呈同遊諸君，又以告夫欲往而未能者。

百丈山在今福建省建陽縣東北，作者當時約四十五歲。文章順行程運筆，寫登山時的險峻；循石磴而行，即見小澗，澗水清澈，水聲淙淙，水聲山色，清幽之境，令人神往。後面圍繞山水勝景，筆力搖曳多姿，如寫瀑布的一段：「於林薄間東南望，見瀑布自前岩穴漢湧而出，投空下數十尺。其沫乃如散珠噴霧，日光燭之，璀璨奪目，不可正視」；再如寫次日清晨鳥瞰群山所見：「旦起下視，白雲滿川，如海波起伏；而遠近諸山出其中者，皆若飛浮往來，或湧或沒，頃刻萬變」，寫景如畫，恍惚如在目前。這樣的文章顯然算不上言道說理之文，反倒像程頤所謂的「閑言雜語」。朱子能夠寫出完全可以媲美歐、蘇的文章來，雖說這些文章數量不多。這裡盡顯他在文論方面的矛盾之處，一方面對古文家不滿，但有時又教導學生要讀古文家的文章，如：「東坡文字明快，老蘇文雄渾，盡有好處，如歐公、曾南豐、韓昌黎之文，豈可不看！」（《語類》一三九）

他所作《臥龍庵記》也是優秀的遊記佳作，此時任知南康軍（治所在今江西星子縣），臥龍庵在廬山南麓，屬南康軍的管轄範圍。作者任職的第二年（1180），遊覽臥龍庵而作此記。其中寫臥龍庵潭水景致：

然庵距潭猶數百步，步亂石間，三涉澗水乃至，至又無

所托足以寓瞻眺，或乃顛沛而返。因相其東崖，鑿石為磴，而攀援以度，稍下，乃得巨石，橫出澗中，仰蔽喬木，俯瞰清流，前對飛瀑，最為穀中勝處。遂複作亭於其上。既以為吏禱賽之地，而凡來遊者，亦得以仿佛徙倚而縱目快心焉。

行文流暢輕巧，描寫清新可喜，全文簡潔而有章法，直可追步柳宗元的「永州八記」。

朱子是宋代最大的學問家，一生涉獵極廣，著述宏富。在其文集中所收各種序文，在宋人中亦首屈一指。如《詩集傳序》、《近思錄序》、《通鑒綱目序》都是名篇，下引後者以見一斑：

先正溫國司馬文正公受詔集《資治通鑒》，既成，又撮其精要之語，別為《目錄》三十卷，並上之。晚病本書太詳，《目錄》太簡，更著《舉要曆》八十卷，以適厥中，而未成也。至紹興初，故侍讀南陽胡文定公始複因公遺稿，修成《舉要補遺》若干卷，則其文愈約而愈事備矣。然往者得於其家而伏讀之，猶竊自病記識之弗強，不能有以領其要而及其詳也。故嘗過不自料，輒與同志因兩公書，別為義例，增損隱括，以就此編。

蓋表歲以首年，而因年以著統；大書以提要，而分注以備言。使夫歲年之久近，國統之離合，辭事之詳略，議論之同異，通貫曉析，如指諸掌，名曰《資治通鑒綱目》，凡若干卷，藏之中笥，姑以私便檢閱，自備遺忘而已。

若兩公述作之本意，則非區區所敢及者。雖然，歲周於

上，而天道明矣；統正於下，而人道正矣。大綱概舉而鑒戒
昭矣，眾目畢張而幾微著矣。是則凡為致知格物之學者，
亦將有感於斯。而兩公之志，或庶乎其可以默識矣。因述其
指意條例如此，列於篇端，以俟後之君子云。（《朱文公集》
卷五六）

《資治通鑑綱目》，是朱熹生前未能完全脫稿的史學著作，
由門人趙師淵續編完成。此書在改編《通鑑》的基礎上，具有更
強烈的正統色彩，明辨倫理綱常，注重微言大義的春秋筆法。如
不承認新莽政權，三國紀則尊偏安一隅的蜀為正統。在這些方面
顯然歷史學的意義要淡薄一些，完全是道學家的正統觀念。相比
之下，司馬光在《通鑑》以曹魏作為紀年的根據要顯得開明和通
達。清人張宗泰《通鑑論正統閏統》云：

　　帝魏帝蜀，紛紛聚訟。論者謂溫公為北宋臣子，北宋建
邦中土，其國勢類乎魏，故溫公《通鑑》，以魏為正統。朱
子為南宋臣子，南宋建邦江左，其國勢類乎蜀，故朱子作
《綱目》，以蜀為正統，其實亦未盡然也。魏受漢禪，晉受
魏禪，世代相承，此而正統歸之，誰曰不宜？又況魏之地大
兵強，據天下十之七八，一切條教號令，皆自之出。溫公帝
魏，亦酌量乎情事之輕重，以定予奪之准，而非必為符合本
朝起見也。至蜀之為國，僻在一隅，聲教不通於中邦，似與
帝統無與矣。

此說甚為通達，亦分析了司馬光與朱熹分歧的原因。張氏贊同司馬光的處理方式，也的確更加合情合理

由於朱熹的特殊地位，《綱目》在明清兩朝影響極大，甚至成為歷史教科書，其實就史學價值來說，自然比不上《通鑑》。全書以「綱目」為體，綱仿照《春秋》，而目則仿照《左傳》，構成一個類似經傳的結構。

朱子一些小品文也寫得極為生動：

　　靖康之難，欽宗幸虜營。虜人欲得某文，欽宗不得已，為詔從臣孫覿為之，陰冀覿不奉詔，得以為解。而覿不復辭，一揮立就，過為貶損，以媚虜人；而詞甚精麗，如宿成者。虜人大喜，至以大宗城虜獲婦餉之。覿亦不辭。其後，每語人曰：「人不勝天久矣。古今禍亂，莫非天之所為。而一時之士欲以人力勝之，是以多敗事而少成功，而身亦不免焉。孟子所謂『順天者存，逆天者亡』者，蓋謂此也。」或戲之曰：「然則子之在虜營也，順天為已甚矣！其壽而康也宜哉！」覿慚無以應，聞者快之。（卷七一）

文章譏諷當時的著名文臣孫覿。孫覿才華過人，但此人有才無德。文中著重寫了孫覿代欽宗寫降表的事情，事情本來很簡單，卻寫得曲折波瀾。先是欽宗被俘無奈要寫降表，孫覿受詔起草，有幾個選擇：一是不奉詔，堅決不寫降表，在當時情況之下，做到這點不易，如果真這麼做了，就成為歷史英雄了，朱子認為欽宗「陰冀覿不奉詔」，恐為誅心之論，只有極個別人才能

做到，而且何況連皇帝都被俘，任人拿捏，普通臣子又能怎麼樣？二是隨便應付，掌握分寸，交差罷了，這樣做也算大節不虧，不會引起士大夫議論；第三是迎合金人意願，展示自己文采，這一條最能討金人歡心，能夠改變當時處境，但最會引起士大夫的非議。而恰巧孫覿做了這一選擇。在這篇降表中稱金兵「長驅萬里，遠勤問罪之師；全庇一宗，仰戴隆寬之德」，寫欽宗失德「臣猥以眇躬，奉承大統，懵不更事，濟以學非；昧於知人，動成過舉。……三里之城，已失藩維之守；九廟之祀，幾成煨燼之餘。」讚頌金帝「伏遇伯大金皇帝乾坤之德甚溥，日月之照無私。不怒之威，既追縱於湯武；好生之德，且儷美於唐虞。」（《大金吊伐錄》188 中華書局 2001 年版）這樣的文章的確文采精麗，但貶損欽宗太過，而讚頌金帝則太甚。難怪得到金人的歡心，還賜給婦女。當然作為飽讀詩書的孫覿，肯定知道這樣的作為會引起士大夫的反感和非議，他不存愧疚之情，反而以孟子「順天者存，逆天者亡」來辯解，愈發顯得可恥。

第三節 ▶ 陸九淵及其它理學家古文

陸九淵（1139-1193），字子靜，撫州金溪（今屬江西）人。曾在貴溪象山講學，學者稱象山先生。乾道八年進士（1172）。象山終其一生以講學授徒為主，只當過時間很短的小官。象山與朱子同時，雖然沒有朱子名聲顯赫，但也是南宋時期重要的理學家，他開創「心學」一派，對明代理學家王陽明有直接影響。九淵之父陸賀生有六子，象山排行第六，除他之外，四兄九韶，五

兄陸九齡，都以理學聞名於世，號稱「三陸之學」。今存《象山集》三十三卷，另附《語錄》二卷。

在《象山集》裡，陸九淵的學術思想以及其治學方法常在書信中予以表達，如著名的《與朱元晦書》，即與朱子討論理學問題，是研究朱陸學術異同的重要文獻。信中有一段寫自己在象山講學情景，頗有情致：

> 　　鄉人彭世昌得一山，在信之西境，距敝廬兩舍而近，實龍虎山之宗。巨陵特起，巉然如象，名曰象山。山間自為原塢，良田清池，無異平野。山澗合為瀑流，垂注數里。兩崖有蟠松怪石，卻略偃蹇，中為茂木。瓊瑤冰雪，傾倒激射，飛灑映帶於其間。春夏流壯，勢如奔雷。木石自為階梯，可沿以觀。佳處與玉淵、臥龍未易優劣。往歲彭子結一廬以相延，某亦自為精舍於其側。春間攜一俚二息，讀書其上。又得勝處為方丈以居。前挹閩山，奇峰萬疊，後帶二溪，下赴彭蠡。學子亦稍稍結茅其旁，相從講習，此理為之日明。舞雩詠歸，千載同樂。

貴溪象山是九淵終身心儀之地，他與朱子切磋學術，亦不忘暢談象山之美。後世學者以象山先生稱九淵，良有以也。九淵在象山講學，正是他學問大進、心學體系更趨嚴密之時。他與朱子在鵝湖書院會講辯論，也是理學史上的大事。他討論學術的書信還有《與致政兄》：

　　某拙頓不敏，豈不自知？然物莫不各有所長，各有所短，若其深思力考，究事理之精詳，造於昭然而不可昧，確然而不可移，則竊自信其有一日之長。家信中詳言事為者，非是矜誇，政欲以情實達於長上者。

　　某常謂三代而下，有唐虞三代遺風者，唯漢趙充國一人而已。宣帝問曰：「誰可使者？」則曰：「無逾老臣。」其客勸其歸功朝廷與諸臣，則曰：「兵之利害，當為後世法，老臣豈嫌伐一時事以欺明主哉？」皋陶曰：「朕言惠，可厎行。」禹曰：「予暨益播，奏庶艱食鮮食，烝民乃粒，萬邦作乂。」又曰：「予決九川，距四海，浚畎澮，距川。」……夔曰：「予擊石拊石，百獸率舞，庶尹允諧。」此等皆非矜誇其功能，但直言其事，以著其事理之當然。故君子所為，不問其在人在己，當為而為，當言而言，人言之與吾言一也。後世而為不情之詞者，其實不能不自恃。古之君臣、朋友之間，猶無飾詞，況父兄間乎？

　　唐虞三代盛時，言論行事洞然無彼己之間，至其叔末德衰，然後有「爾有嘉謀嘉猷，入告爾后於內，爾乃順之於外，曰斯謀斯猷，惟我后之德。」前輩之論，以為太甲卒為商太宗，追配成湯，無愧而有光，以其善惡是非灼然明白，非成王比也。成王卒為中才之主，以流言疑周公，此難以言智。自此而降，周德不競矣，入告出順之言，德不競之驗也。後世儒者之論，不足以著大公，昭至信，適足以附人之私，增人陷溺耳。銖銖而稱之，至石必繆；寸寸而度之，至丈必差；石稱丈量，徑而寡失。後世人君亦未嘗不欲辨君子

小人，然卒以君子為小人，以小人為君子者，寸寸而度、銖銖而稱之過也。以銖稱寸量之法繩古聖賢，則皆有不可勝誅之罪，況今人乎？

　　今同官皆盡心力相助，人莫不有才，至其良心固有，更不待言。但人之見理不明，自為蒙蔽，自為艱難，亦蒙蔽他人，艱難他人。善端不得通暢，人心不亨，人材不得自達，陰礙隔塞處多，但增尤怒，非所以致和消異。今時人逢君之惡，長君之惡，則有之矣。所以格君心之非，引君當道，邈乎遠哉！重可歎哉！（卷一七）

　　從文章中我們可見象山傲兀的一面，自信「若其深思力考，究事理之精詳，造於昭然而不可昧，確然而不可移，則竊自信其有一日之長」。用今天的話來說，對事物思考之深刻，對事理考查之精審，達到了清晰而不含混。堅定而不動搖的境地，這是我的長處。毫無疑問，象山絕頂聰明，學識淵博而富有創新精神，是極有創造性的理學家，所以他說這樣的話看來有點自負，但卻也不顯得狂妄。自許「通達事理」，這不是普通人敢說的話，出自象山之口，倒也不覺得突兀。文章即從這一點切入，即論自誇的問題。作者引經據典，說明自信而非自誇。並贊同趙充國等賢臣勇於擔當，絕不虛偽謙讓。針對士大夫之間過份講究溫良恭儉讓的陋習提出批評。對於歷史評價，他亦有自己獨特的看法，對以往要麼讚頌溢美，要麼貶抑過甚的作法，認為是「附人之私，增人陷溺」，不是實事求是的態度。錙銖必較，把人放在顯微鏡下考察，自然好人也會變成罪大惡極之人。最後的結論是象山心

學思想的典型表達。也就是光有才能良心還不夠，為人還要明理，不受蒙蔽。只有明白事理的官員才不至於逢迎助長君主的惡行，而會阻止君主為惡之心，從而引導君主走上正道。作者的理學思想，歸根結底還是要歸結到君聖臣賢的政治模式上來。

作為具有強烈道德責任感的衛道之士，象山的是非價值觀念十分清晰，對貪官的貶斥對循吏的表彰，便是這種價值的體現。如：《送宜黃何尉序》

　　民甚宜其尉，甚不宜其令；吏甚宜其令，甚不宜其尉。是令、尉之賢否，不難知也。尉以是不善於其令，令以是不善於其尉，是令、尉之曲直，不難知也。

　　東陽何君坦尉宜黃，與其令臧氏子不相善，其賢曲直，蓋不難知者。夫二人之爭，至於有司，有司不置白黑於其間，遂以俱罷。縣之士民，謂臧之罪，不止於罷，而幸其去；謂何之過，不至於罷，而惜其去。臧貪而富，且自知得罪於民，式遄其歸矣。何廉而貧，無以振其行李，縣之士民哀其窮，而為之裹囊以餞之；思其賢，而為之歌詩以送之，何之歸亦榮矣！

　　比干剖心，惡來知政；子胥鴟夷，宰嚭謀國。爵刑舛施，德業倒植若此者，班班見於書傳。今有司所以處臧、何之賢否曲直者，雖未當乎人心，然揆之舛施倒植之事，豈不遠矣！況其民心士論，有以慰薦扶持如此其盛者乎？何君尚何憾！

　　魯士師如柳下惠，楚令尹如子文，其平獄治理之善，當

不可勝，紀三黜三已之間，其為曲直多矣。而《語》、《孟》所稱，獨在於遺逸不怨，厄窮不憫，仕無喜色，已無慍色。況今天子重明麗正，光輝日新，大臣如德星，禦陰輔陽，以卻氛祲。下邑一尉，悉力衛其民以迕墨令，適用吏文，與令俱罷，是豈終遺逸厄窮而已者乎？何君尚何憾！

雖然，何君譽處若此其盛者，臧氏子實為之也。何君之心，何君之學，邃可如是而已乎？何君是舉亦勇矣。誠率是勇，以志乎道，進乎學，必居廣居，立正位，行大道，使富貴不能淫，貧賤不能移，威武不能屈，此吾所望於何君者。不然，何君固無憾，吾將有望於何君矣！（卷二〇）

　　唐宋時期贈人送別的序，多半是送人為官，或考取功名，或離京赴任，或衣錦還鄉。而這位何縣尉，卻是一員被免職的小官。這樣的文章就不好寫了。韓愈是寫序的大師，他的《送孟東野序》、《送李願歸盤穀》等都是為懷才不遇的士人鳴不平的著名作品。象山此序也是為何坦鳴不平。何坦與自己的頂頭上司知縣臧氏鬧矛盾，糊塗的上級機關不問青紅皂白，將二人免職。作者將何、臧二人做了一系列對比。一是百姓擁戴尉而討厭令，二人賢否曲直便不難分辨；二是臧氏貪而富，何氏廉而貧，自然高下立辨。百姓哀憐何氏的貧困，湊盤纏餞行，又為歌詩送行，所以何氏應該感到榮耀。這是寬慰的話也是稱頌的話，非常得體。後面又以歷史的廉吏來與何坦比較，說明上級機關這樣的處理方式並非僅見，忠直之士受到不公待遇並非罕見。文中兩處「何君尚何憾」，有遞進的意思。前面是說忠直之士受到不公平待遇，

並非罕見；後面則更進一步說，歷史上許多忠直之士數落數起，成為名臣，豈能永遠失意。最後是作者對何坦的鼓勵之言。全文結構綿密，層層深入，精心結撰，是同類的傑作。

《象山集》中有幾篇遊記，極有文采，如《遊龍虎山記》中寫遊歷之狀：

……時雨新霽，西風增涼。閑雲未歸，悠然垂陰。黍粒登場，稻花盈疇。菽粟燦然，桑麻沃然。象山翁觀瀑半山，登舟水南，宿上清，信龍虎，次於新興，究仙岩之勝：

石瀨積雪，澄潭漬藍，鷺翹鳧飛，怳若圖畫。疏鬆翠筱、蒼苔茂草之間，石謖呈黃，金燈舒紅，被岩緣坡，燦若錦繡。輕舟危檣，嘯歌相聞，聚如魚鱗，列如雁行。至其尋幽探奇，更泊互進，迭為後先，有若偶然而相從。老者蒼顏皓鬢，語高領深；少者整襟肅容，視微聽沖，莫不各適其適。（卷一八）

前一段所言遊歷之景，如上清宮、龍虎山、仙水岩，至今仍為旅遊勝地，遊人如織。後一段其實是一路所見的總括印象，登山臨水，山奇水清，石碧潭藍，花草茂密，松竹蒼翠，輕舟危帆，嘯歌相聞，構成極美的畫圖，而疏淡有致，色彩絢麗。

文天祥與宋末的愛國作家

南宋後期，政治狀況風雲突變，強大的蒙古鐵騎在北方草原興起，一時間橫掃亞歐大陸，銳不可擋。其首領成吉思汗，被評為世界上最成功的軍事家和征服者。宋理宗端平元年（1234），強大的金國被更為強大的蒙古人征服。當南宋小朝廷慶倖宿敵覆滅，殊不知更強大的敵人已經虎視耽耽地覬覦富饒的南方地區。景定五年（1264）年，蒙古大汗忽必烈遷都燕京（改名大都），咸淳七年（1271）定國號為元。蒙古鐵騎向南宋朝廷進行猛烈的攻擊，雖然南宋軍民對蒙古人進行艱苦卓絕的抵抗，但無法改變南宋敗亡的命運。德祐二年（1276），都城臨安失陷，三年後，陸秀夫背負幼主在崖山跳海，宋朝滅亡。這種急風驟雨似的歷史巨變，對漢族士大夫來說無疑是一種奇恥大辱和精神巨痛。這時候出現大批愛國主義作家，其中最卓越的代表就是江西人文天祥，其它如王炎午、謝枋得都是傑出的愛國者和優秀的散文作家。

第一節 ▶ 劉辰翁的古文創作

劉辰翁（1232-1297），字會孟，號須溪，吉州廬陵（今江西吉安）人。宋理宗景定三年（1262）進士，殿試對策時，讜論朝政，得罪奸相賈似道，置丙等。曾任贛州濂溪書院山長，德祐初，丞相陳宜中推薦其居史館，又除太學博士，皆辭不就。宋亡後隱居不仕，著述以終。江西人民出版社一九八七年校點出版《劉辰翁集》十五卷，卷末附有劉辰翁的研究資料。

須溪身處南宋末年，政治混亂，懷才不遇，又遭亡國之痛，隱居不仕，表現了一位具有強烈民族意識的愛國志士的氣節。在他的文章中，都表現濃烈的愛國情感。文章所記的人物大多是著名愛國人士，即使是為文集作序，亦有慷慨激昂的金石之聲。如《辛稼軒詞序》：

> 詞至東坡，傾蕩磊落，如詩如文，如天地奇觀，豈與群兒雌聲學語較工拙；然猶未至用經用史，牽雅頌入鄭衛也。自辛稼軒前，用一語如此者，必且掩口。及稼軒橫豎爛漫，乃如禪宗棒喝，頭頭皆是；又如悲笳萬鼓，平生不平事並卮酒，但覺賓主酣暢，暢談不暇，顧詞至此亦足矣。然陳同父效之，則與左太沖入群嫗相似，亦無面而返。嗟乎！以稼軒為坡公少子，豈不靈傑可愛哉！而愁鬢齲齒作折腰步者，閴然笑之。《敕勒》之歌拙矣，風吹草低之句與大風起語高下相應，知音者少。

> 頃稼軒胸中今古止用資為詞，非不能詩，不事此耳。斯

人北來，喑嗚鷙悍，欲何為者，而讒擯銷沮，白髮橫生，亦如劉越石陷絕失望，花時中酒，托之陶寫，淋漓慷慨，此意何可複道？而或者以流連光景，志業之，終恨之，豈可向癡人說夢哉！「為我楚舞，吾為若楚歌」，英雄感愴，有在常情之外，其難言者未必區區婦人孺子間也。世儒不知哀樂，善刺人，及其自為，乃與陳後山等。嗟哉！偉然二丈夫無異。(《劉辰翁集》卷六)

　　這是辛詞較早的序言。須溪是南宋末年豪放派詩人大宗，一生俯首辛稼軒。在辛派詞人中，須溪的成就及地位亦僅僅次於稼軒。因此他對稼軒詞的評價，是研究辛詞的重要史料。他對稼軒的評價集中在兩方面，一是其詞的文學成就和歷史地位。他準確地看到，稼軒是繼東坡之後偉大的豪放詞人；其二，讚頌稼軒的英雄豪情和恢復之志，以及鬱鬱不得志，故發言為詞。這也是作者推崇稼軒的原因所在。相比而言，無論功業和文學，須溪與稼軒都有較大的距離。但二人又有許多相似的地方，一是時代背景相似，稼軒處於金朝與南宋對立時代，力主對金用兵，倡言恢復。這與須溪身處宋末之際期望復國的願望是相通的；二是二人詞風相近。雖然須溪學習稼軒，但卻有特色。文中寫稼軒英雄失路悲慨，灌注了作者自己的感愴於其中。以劉琨的絕望來比喻稼軒很貼切，又用劉邦的典故說明英雄無奈也很生動。

　　宋末名臣江萬里（1198-1275），曾官居宰相，與須溪有師生之誼。元兵圍攻上饒城時，江萬里正致仕退居上饒。城破，江萬里赴水自殺。江萬里四十三歲那年，曾知吉州。在任期間弘揚朱

子之學，創白鷺洲書院。在江萬里的扶持和資助下，書院發展迅速，當時幾與白鹿洞書院齊名。江萬里殉國後，書院山長曹奇於一二七九年，修古心先生祠堂以紀念這位忠烈之士。曹奇延請須溪撰寫祠堂記。文中開首言辦學經過：「其為吾州年四十有三，聲名德業，高邁前聞，故能創鷺洲如白鹿，深衣入林，媚映前後，無不醉心名理。……惟吾州士論勝而民俗厚，亦先生之流風系人心，能使其沒世而不忘如此也。」教育辦學對士論民風影響巨大，自然是江萬里的遺產所致。作者從文章節義兩方面來評價江氏的功績：

　　過江百年，仁山字水，人自為士。然學校科舉終有愧於道。孰能學校科舉外而求志，又孰能用學校科舉而成之？自鷺洲興而後言義理者暢，又不惟文字而已；而後學者知矯其質習存其氣象，又不惟氣象而已。而後立身名節，一以先生台諫為風采，推論人才長育之。自斯文一變而至歐公，再變而至先生，而先生又以身殉宇宙，與之始終，雖康之山番之水，同光而共潔，而其道隱然增鷺洲之重，與歐公而並。其好士似歐公，論諫似歐公，變文體似歐公，而又得謚似歐公，受鄉人毀似歐公。歐公老穎，而先生祀吉。老穎者有所避，而祀吉者以其思。（卷三）

　　江氏辦學，改變一代風氣，功莫大焉。作者仍是從士風和文風兩方面著眼立論，一是義理者暢，二是立身名節。江氏毫無疑問都是標誌性人物，所以作者將他與鄉賢歐陽脩相提並論。歐陽

脩無疑是吉州了不起的大人物，其文章、道德、功業都是吉州人引以自傲的。江萬里是都昌人，並非吉州人，但在吉州任長官，有恩於地方，受到百姓愛戴。這與歐陽脩知潁州受到潁州愛戴，最後歐氏致仕終老於潁州亦有相似處。除本篇外，劉辰翁還寫了一系列紀念江萬里的文章，如《歸來庵記》、《祭師江丞相古心先生文》、《古心文山贊》。這些文章都作於宋亡之後，表達了他對這位愛國者的仰慕之情。《古心文山贊》讚頌江萬里、文天祥兩位以身殉國的民族英雄：

> 此宋二忠，如國亡何。開卷熟視，龍泉太阿。塵蛻六合，浴於天河。下視萬鬼，腐為蟻窠。千秋遺象，涕泗滂沱。空餘後死，作尹公他。（卷七）

須溪之文古樸而流於艱深，而這篇四言的贊文，卻寫得簡練曉暢。應是忠義之氣所致，故一氣呵成，不加修飾。

第二節 ▶ 謝枋得與王炎午的古文創作

謝枋得與王炎午都是南宋的傑出的愛國志士，他們深受文天祥的影響，參與了當時對元人的抵抗，宋亡之後誓死不降，堅守民族氣節。

謝枋得（1226-1289）字君直，號疊山，信州弋陽（今屬江西）人。宋理宗寶祐四年（1256），登文天祥榜進士，除撫州司戶參軍。後任建康考官，出題暗譏權臣賈似道，貶官。元人大舉

南侵，出任江東提刑、江西招諭使，防守信州。信州失陷後，家破人亡，孤身逃亡福建建陽，仍為復國奔走。宋亡，居閩中。元福建行省參政魏天佑強征其北行，至大都，絕食而亡，門人私諡文節。《宋史》卷四二五有傳，今存《疊山集》五卷。《四庫全書‧疊山集》提要稱其文：「枋得忠孝大節，炳著史冊，《卻聘》一書，流傳不朽。雖鄉塾童孺，皆能誦而習之。而其它文章，亦博大昌明，具有法度，不愧有本之言。」館臣們首先強調枋得的忠孝大節。其次是他的文章，博大昌明，具有法度，應是很高的評價。《卻聘書》是著名的作品。曾在宋末任宰相的留夢炎是謝疊山的老師，宋亡後，留夢炎投降元朝，受元人指派作書聘請謝疊山出仕，疊山作答，寫下這封《卻聘書》：

　　夷齊雖不仕周，食西山之薇，亦當知武王之德；四皓雖不仕漢，茹商山之芝，亦當知高帝之恩；況夔藜含糯於大元之土地乎？大元之赦某屢也，某受大元恩亦厚矣；若效魯仲連蹈東海而死則不可，今既為大元之遊民矣。

　　莊子曰：「呼我為馬者，應之以為馬；呼我為牛者，應之以為牛。」世之人有呼我為宋逋播臣者，亦可；呼我為大元遊惰民者，亦可；呼我為宋頑民者，亦可；呼我為大元之逸民者，亦可。為輪為彈，與化往來；蟲臂鼠肝，隨天付予。若貪戀官爵，昧於一行，縱大元仁恕，天涵地容，哀憐孤臣，不忍加戮，某有何面目見大元乎？

　　某與太平草木，同沾聖朝之雨露，生稱善士，死表於道曰：「宋處士謝某之墓。」雖死之日，猶生之年，感恩感

征，天實施之。司馬子長有言：「人莫不有一死，死或重於泰山，或輕於鴻毛。」先民廣其說曰：「慷慨赴死易，從容就義難。」公亦可以察某之心矣。（《疊山集》卷二）

此文拒絕留夢炎的聘書，其實就是拒絕與元朝合作，這在當時無疑具有極大勇氣。文中仍稱元朝為大元，在當時自然是無奈之舉，但始終強調自己是元朝的遊惰民、逸民等，表示自己是苟活於當世，不合作的態度十分明顯。作者引用莊子之言，有自嘲反諷之意，無非是表明已經無足輕重，苟且度日，但堅持自己是宋朝逋播臣和頑民。宋、元在作者心目中孰輕孰重，在文中表現得一目了然。後面一段作者明言，死後墓表「宋處士謝某之墓」，就十分滿足，感恩不盡了。最後引述司馬遷之言，明確表示自己並不畏死，要以死來恪守氣節。後來，福建行省參政魏天佑強行將他押解衙門，威逼利誘，遭到嚴詞拒絕，又將他押解大都，途中進行絕食以示抗議。到大都之後，痛哭於宋恭帝墓前，進行絕食，數日後亡故。其忠烈行為可謂驚天地，動鬼神。他在《與參政魏容齋書》中拒絕魏天佑的聘書，說「宋室逋臣只欠一死，上天降才，其生也有日，其時也有時，某願一死全節久矣，恨未至耳。……寧為民不為官者，忠臣不事二主，烈女不事二夫，此天地間常道也。」表示決不在元朝為官，甚至不惜以死抗爭。連脫脫在《宋史》本傳中都讚賞疊山：「謝枋得嶔崎以全臣節，皆宋末之卓然者也。」

余幹人李謹思，字養吾，咸淳二年（1266）廷試第一名，宋亡後，終身不仕，人稱宋狀元。謝枋得與李氏相交甚厚，兩人相

互鼓勵，期望能夠複國。疊山推崇謹思深曉民族大義，認為他是第一流人物。在《與李養吾書》中讚頌李氏「潔身全節於深山密林間，屹然如黃河之有砥柱。先儒謂世有非常之變，天必豫出非常之人以擬之，吾於是有望矣。」推崇他的氣節，寄希望他為國靖難，恢復宋王朝。接下來寫道：

藝祖皇帝最重讀書人，天地折缺之餘，正望其整頓；人極傾顛之際，正望其扶持。在天之靈，想亦不能忘情也。子房不能存韓而歸漢，孔明不能興漢而保蜀，君子憐之。今日之事，視二子尤難。愚公移山，精衛填海，取訕笑於腐儒俗吏，鄙夫庸人固宜。程嬰、杵臼、樂毅、申包胥，果何人哉？天地間大事，決非天地間常人所能辦。使常人皆能辦大事，天亦不必產英雄矣。聖神乃可為天下之主，古今未有絕道統之時。使君臣上下同一豺狼蛇豕之心而可立國，秦始皇、隋煬帝必不再世而亡矣。使五帝三王自立之中國，而終為戎狄所滅；使君無桀紂幽厲之惡，而一廢不復興，少康、宣王、東周、蜀漢之事，皆不可信矣。人力終有窮，天道終有定，壯老堅一節，始終持一心，吾獨於養吾有望。

某嘗有言，人可回天地之心，天地不能奪人心。大丈夫行事，論是非，不論得寵；論逆順，不論成敗；論萬世，不論一生。志之所在，氣亦隨之；氣之所在，天地鬼神亦隨之。願養吾亦自珍重！儒者常談所謂為天地立心，為生民立極，為去聖繼絕學，為萬世開太平。正在我輩承當，不可使天下後世，謂程文之事皆大言無當也。

所謂「天地折缺之餘，正望其整頓；人極傾顛之際，正望其扶持」，即使在當時的狀況之下，仍希望聯絡像李養吾這樣的志士仁人，整頓河山，扶持宋室。想像著太祖立國時的英雄氣概和對文臣的重視，在天之靈仍對漢臣寄予期望，不能忘情。當然作者並非天真地認為遺民果真的能驅逐蒙古，恢復宋室。期望能像張良和諸葛亮一樣，雖然沒有恢復故朝，但滅了宿敵，建立了新的朝廷，成就了一番事業。雖說恢復之志似乎迂腐可笑，但愚公移山、精衛填海終有成功之日。可見作者的鬥志是多麼激昂，意志是多麼的堅定！與元朝統治者有不共戴天之仇。他認為元朝施行的是暴政，必然與秦、隋兩朝一樣，雖然統一中國，不可一世，但尚暴力，必然很快就滅國了。這裡有作者夷夏之別的正統觀念，一個少數民族的政權，顛覆了漢人政權，這自然是奇恥大辱，不符合天道，同時也表現了作者的故國情思。他相信天命有所歸屬，漢人的道統不會斷絕，天必降聖人為天下主。總之，元朝統治在其心目中是不合理的。第二段更是用格言的文字對李養吾進行鼓勵，當然也是作者自勉。作者有理想，敢擔當，而且在極端困難的情況下，還沒有熄滅信心，這就是信念的力量。「大丈夫行事，論是非，不論得寵；論逆順，不論成敗；論萬世，不論一生」，這就是作者明晰的價值觀和堅定的信念。

　　王炎午（1252-1324），初名應梅，字鼎翁，入元後，改炎午，號梅邊，安福（今屬江西）人。度宗咸淳年間為太學生，與文天祥友善。天祥起兵勤王，炎午襄贊軍事，後因母病歸。天祥兵敗被俘，炎午作《生祭文丞相文》，激勵天祥為國盡節。天祥被殺後，悲憤至極。又作《望祭文丞相文》，沉痛悼念文天祥。

著有《吾汶稿》十卷。《新元史·隱逸傳》有傳。《生祭丞相文》是一篇近兩千字的長文，文前有一序，回顧自己與天祥的交往過程，並敘作文經過：「僕於國恩為已負，於丞相之德則未報，遂作生祭丞相文，以速丞相之死，……謄錄數十本，自贛至洪，於驛途水鋪山牆店壁貼之，冀丞相經從一見，雖不自揣量，亦求不負此心耳。」寫此文的目的很明顯，就是激勵天祥不屈盡節，以身殉國。當然並非說文天祥讀了這一祭文後，才決心以身殉國，事實上他讀到這篇文章的可能性極小。而作者的確希望文天祥能夠讀到祭文，從而堅定必死信念。文中前面言天祥，文章事功，忠孝利祿，皆死而無憾，再歷數歷代盡節的忠貞之士，希望文天祥效法前賢，以死殉國。如前面所言「丞相可死」：

　　謹采西山之薇，酌汨羅之水，哭祭於丞相文山先生未死之靈而言曰：

　　嗚呼！大丞相可死矣。文章鄒、魯，科甲郊、祁，斯文不朽，可死。喪父受祖奠之榮，奉母極東南迎養之樂，為子孝，可死；二十而魁科，四十而將相，功名事業，可死；仗義勤王，使命不辱，不負所學，可死；華元跟蹌，子胥脫走，丞相自敘幾死者數矣。誠有不幸，則國事未定，臣節未明，今鞠躬盡瘁，則諸葛矣；保遁閩廣，則田單即墨矣；倡義勇出則顏平原、申包胥矣。舉事卒無所成，而大節已無所愧，所欠惟一死耳。（卷四）

　　稱頌文天祥的文章承繼孔孟，科場得意，可與宋郊、宋祁兄

弟相提並論。光宗耀祖，奉養母親，克盡孝道，二十歲中狀元，四十歲出將入相，率軍勤王，號令三軍，不辱使命，做人至此，已經備極榮耀了，所以被俘之後，「所欠惟一死」。作者欲天祥速死，似乎有些不盡人情，但是從天祥的名節來考慮。當時文氏被俘，資訊封鎖，作者根本無從知曉天祥的情況，所擔心的是，天祥可能在威逼利誘之下與元人妥協。文章後面還引述歷史上許多保持名節的志士仁人的事蹟，也是為了激勵文天祥。

文天祥以身殉國，王炎午聞訊悲痛欲絕，作《望祭文丞相文》：

> 嗚呼！扶顛持危，文山、諸葛，相國雖同，而公死節；倡義舉勇，文山張巡，殺身不異，而公秉鈞。名相烈士，合為一傳，三千年間，人不兩見。事謬身執，義當勇決；祭公速公，童子易簀。何知天意，佑忠憐才；留公一死，易水金台？乘氣輕命，壯士其或；久而不易，雪松霜柏！嗟哉文山，山高水深；難回者天，不負者心！常山之舌，侍中之血。日月韜光，山河改色。生為名臣，沒為列星。凜然勁氣，為風為霆。干將莫邪，或寄良冶。出世則神，入土不化。今夕何夕，斗轉河斜。中有光芒，非公也耶？（卷四）

作者將天祥與名相諸葛相比，又與名將張巡相比，認為「名相烈士，合為一傳，三千年間，人不兩見」，這無疑是極高的評價，當然這樣的讚語用在天祥身上，又很貼切，愈加能引起人們的敬仰之情。「難回者天，不負者心」，用在一位回天無力而又

癡心不改的末路英雄身上，真是十分的悲壯和愴然。天祥之死，日月為之韜光，山河為之改色，猶如干將莫邪之劍，出世則神，出土不化；又如天上的星宿，光照人間。表現作者對這位偉大的愛國者的無限推崇，同時也抒寫了自己的愛國情懷，因此為歷代士人所稱道。

第三節 ▶ 文天祥的古文創作

　　文天祥是宋末偉大的民族英雄，也是當時最重要的文學家，誠如《四庫全書·文山集》提要中所說：「天祥平生大節，照耀今古，而著作亦極雄贍，如長江大河，浩瀚無際。其廷試對策及上理宗諸書，持論剴直，尤不愧肝膽如鐵石之目。……不獨忠義貫於一時，亦斯文間氣之發見也。」他的文章是其忠直正義之氣的體現，不待修飾而氣勢湧動，愛國情懷歷歷可見。

　　文天祥（1236-1283），字履善，又字宋瑞，號文山，吉州廬陵（今江西吉安）人。宋理宗寶祐四年（1256），狀元及第。時任考官的著名學者王應麟稱讚他的殿試對策「古誼若高抬貴手，忠肝如鐵石」（《宋史·文天祥傳》）。四十歲之前，宦海浮沉，因得罪權臣賈似道，受到排擠，因而一度隱居故里。德祐元年（1275），元軍大舉進犯，越過長江，宋朝廷岌岌可危。當時他已出知贛州，毀家杼難，散盡家產招募萬餘士兵，入衛臨安。臨危受命，出任右丞相兼樞密使。任職次日，代表朝廷與元軍統帥伯顏談判，卻被伯顏扣押，強行押往燕京。在途經鎮江時，在義士們的幫助之下，從軍中逃脫。此時臨安已被佔領，只得浮海南

下到福州，拜見新即位的端宗，仍被授予右丞相兼樞密使，率軍抵抗強大的元軍。最終於祥興元年（1278）兵敗被俘。在被拘禁的五年中，元朝威逼利誘，無所不用其極，但他絕不為其所動，嚴詞拒絕，至元二十年（1283）十二月，在北京柴市從容就義。就義之後，人們在他的衣帶裡發現了預先寫成的自贊：

　　孔曰成仁，孟曰取義。惟其義盡，所以仁至。讀聖賢書，所學何事？而今而後，庶幾無愧。

　　他無愧於我們的民族，感天動地的事蹟使其成為中華民族頂天立地的英雄，成為愛國主義的寶貴遺產。孟子曾謂：「富貴不能淫，貧賤不能移，威武不能屈，此之謂大丈夫。」（《孟子·滕文公》下）文山不愧為偉丈夫。

　　在文學創作方面，其詩詞、散文皆卓越雄豪，超軼時人。存《文天祥全集》二十卷（江西人民出版社 1987 年版）。他的古文創作以晚年被俘後所作最為悲愴感人，最能體現他的凜然正氣和偉丈夫的精神風貌。《指南錄》是文天祥的一部詩集，敘寫作者出使元營、被捕拘留和脫險的過程。此詩集有二篇序，都是著名的作品，現錄《後序》：

　　德祐二年二月十九日，予除右丞相兼樞密使，都督諸路軍馬。時北兵已迫修門外，戰、守、遷皆不及施。縉紳士大夫萃於左丞相府，莫知計所出。會使轍交馳，北邀當國者相見，眾謂予一行為可以紓禍。國事至此，予不得愛身，意北

亦尚可以口舌動也。初，奉使往來，無留北者，予更欲一覘北，歸而求救國之策。於是辭相印不拜，翌日，以資政殿學士行。初至北營，抗辭慷慨，上下頗驚動，北亦未敢遽輕吾國。不幸呂師孟構惡於前，賈餘慶獻諂於後，予羈縻不得還，國事遂不可收拾。予自度不得脫，則直前詬虜帥失信，數呂師孟叔姪為逆，但欲求死，不復顧利害。北雖貌敬，實則憤怒，二貴酋名曰「館伴」，夜則以兵圍所寓舍，而予不得歸矣。

　　未幾，賈餘慶等以祈請使詣北。北驅予並往，而不在使者之目。予分當引決，然而隱忍以行。昔人云：「將以有為也。」至京口，得間奔真州，即具以北虛實告東西二閫，約以連兵大舉。中興機會，庶幾在此。留二日，維揚帥下逐客之令。不得已，變姓名，詭蹤跡，草行露宿，日與北騎相出沒於長淮間。窮餓無聊，追購又急，天高地迥，號呼靡及。已而得舟，避渚洲，出北海，然後渡揚子江，入蘇州洋，輾轉四明、天臺，以至於永嘉。

　　嗚呼！予之及於死者，不知其幾矣！詆大酋當死；罵逆賊當死；與貴酋處二十日，爭曲直，屢當死；去京口，挾匕首以備不測，幾自剄死；經北艦十餘里，為巡船所物色，幾從魚腹死；真州逐之城門外，幾徬徨死；如揚州，過瓜洲揚子橋，竟使遇哨，無不死；揚州城下，進退不由，殆例送死；坐桂公塘土圍中，騎數千過其門，幾落賊手死；賈家莊幾為巡徼所陵迫死；夜趨高郵，迷失道，幾陷死；質明，避哨竹林中，邏者數十騎，幾無所逃死；至高郵，制府檄下，

幾以捕係死；行城子河，出入亂屍中，舟與哨相後先，幾邂逅死；至海陵，如高沙，常恐無辜死；道海安、如皋，凡三百里，北與寇往來其間，無日而非可死；至通州，幾以不納死；以小舟涉鯨波出，無可奈何，而死固付之度外矣！嗚呼！死生，晝夜事也，死而死矣，而境界危惡，層見錯出，非人世所堪。痛定思痛，痛何如哉！

　　予在患難中，間以詩記所遭，今存其本，不忍廢，道中手自抄錄。使北營，留北關外，為一卷；發北關外，歷吳門、毗陵，渡瓜洲，複還京口，為一卷；脫京口，趨真州、揚州、高郵、泰州、通州，為一卷；自海道至永嘉、來三山，為一卷。將藏之於家，使來者讀之，悲予志焉。

　　嗚呼！予之生也幸，而幸生也何為？求乎為臣，主辱臣死，有餘僇；所求乎為子，以父母之遺體，行殆而死，有餘責。將請罪於君，君不許；請罪於母，母不許；請罪於先人之墓，生無以救國難，死猶為厲鬼以擊賊，義也！賴天之靈、宗廟之福，修我戈矛，從王於師，以為前驅，雪九廟之恥，複高祖之業，所謂「誓不與賊俱生」，所謂「鞠躬盡力，死而後已」，亦義也。嗟夫！若予者，將無往而不得死所矣。向也，使予委骨於草莽，予雖浩然無所愧怍，然微以自文於君親，君親其謂予何？誠不自意，返吾衣冠，重見日月，使旦夕得正丘首，複何憾哉！複何憾哉！

　　是年夏五，改元景炎，廬陵文天祥自序其詩，名曰《指南錄》。（卷一三）

此序作於德祐二年（1276），作者歷盡艱辛，從敵營中僥倖逃脫，回到風雨飄搖中的小朝廷。他將在逃難過程中所作詩篇裒輯成集，取名為《指南錄》。從詩集名我們就能看出作者「臣心一片磁鍼石，不指南方不肯休」的赤膽忠心。此序將敘事與議論很好地結合起來，前面記述敵軍兵臨城下，以宰臣身份出使北營，在敵營中慷慨陳辭，卻因降將構惡，被羈縻在敵營。作者不忍自決，是因為國事日非，每況愈下，欲有所作為。在押解北行的途中，有幸逃脫，但兩淮制置使李庭芝誤解作者，以為投敵，派人追殺作者。無奈改名換姓，晝宿夜行，歷盡艱險才回到南方宋朝管轄地。作者寫這一經歷，線索清晰，文字簡練，沒有枝蔓。接著文章以「嗚呼」領起，連數二十三死字，種種難以想像的艱險，真可謂九死一生。這種表達方式極富創造性，如：「詆大酋當死」、「罵逆賊當死」、「幾從魚腹死」、「爭曲直，屢當死」、「幾自剄死」、「幾彷徨死」、「無不死」、「殆例送死」、「幾落賊手死」、「幾為巡徼所陵迫死」、「幾陷死」、「幾無所逃死」、「幾以捕系死」、「幾邂逅死」、「常恐無辜死」、「幾以不納死」，誠如作者所言「境界危惡，層見錯出，非人世所堪」，而作者以極強的毅力，克服常人難以想像的艱難，置生死於度外！文章後面明確表示「生無以救國難，死猶為厲鬼以擊賊」，「誓不與賊俱生」，「鞠躬盡力，死而後已」，抗敵衛國的決心和意志毫不動搖。正是這種堅強的意志力，使他歷盡磨難而毫不妥協。

在抗敵失敗之後，南宋朝廷隨之滅亡，文天祥被俘入獄。元軍為了收服宋代遺民，對其百般威逼利誘，但他決不低下高貴的頭，絕不因為改朝換代而改變自己的信仰。他在《獄中家書》中

表達了這樣的信念：

　　父少保、樞密使、都督、信國公批付男升子：汝祖革齋先生以詩禮起門戶，吾與汝生父及汝叔同產三人。前輩云：兄弟其初，一人之身也。吾與汝生父俱以科第通顯，汝叔亦致簪纓。使家門無虞，骨肉相保，皆奉先人遺體以於牖下，人生之常也。不幸宋遭陽九，廟社淪亡，吾以備位將相，義不得不徇國；汝生父與汝叔姑全身以全宗祀，惟忠惟孝，各行其志矣。

　　吾二子，長道生，次佛生。佛生失之於亂離，尋聞已矣。道生，汝兄也，以病沒於惠之郡治，汝所見也。嗚呼，痛哉！吾在潮陽，聞道生之禍，哭於庭，復哭於廟，即作家書報汝生父，以汝為吾嗣。兄弟之子曰猶子。吾子必汝，義之所出，心之所安，祖宗之所享，鬼神之所依也。及吾陷敗，居北營中，汝生父書自惠陽來，曰「升子宜為嗣，謹奉潮陽之命。」及來廣州為死別，複申斯言。傳云：「不孝，無後為大。」吾雖孤子於世，然吾革齋之子，汝革齋之孫，吾得汝為嗣，不為無後矣。吾委身社稷，而複逭不孝之責，賴有此耳。

　　汝性質闓爽，志氣不暴，必能以學問世吾家。吾為汝父，不得面日訓汝誨汝。汝於六經，其專治《春秋》。觀聖人筆削褒貶、輕重內外，而得其說，以為立身行己之本。識聖人之志，則能繼吾志矣。吾網中之人，引決無路，今不知死何日耳。《禮》「狐死正丘首」，吾雖死萬里之外，豈頃刻

而忘南向哉！吾一念已注於汝，死有神明，厥惟汝歆。仁人之事親也，事死如事生，事亡如事存，汝念之哉！歲辛巳元日書於燕獄中。（卷一八）

這封家書作於至元十八（1281），是作者就義前一年寫給繼子文升的家書。文章開頭很莊嚴地具列自己在宋朝所擔任的職務，本來一封家書無須如此嚴肅。但考慮到作者當時身陷囹圄，堅定地強調自己的宋臣身份，表現出忠義大節。他強調自己備位將相，義不得不徇國，並非刻意表現自己如何忠義，敘說平和，彷彿是份內之事，不足為奇。正因為此，他對弟弟文璧、文璋放棄反抗元人，表示理解，並不要求兄弟皆效仿自己徇國獻身。所謂惟忠惟孝，各行其志。第二段敘說自己二子死於動亂，自己委身社稷，而不孝以無後為大，身前之事惟此尚留遺憾，現在文升過繼作者為子，可謂忠孝兩全，死複何憾！末段教導文升讀書為人，算是作者對他的遺言。這裡是家常語，亦是作者的心裡話。希望文升能夠繼承自己的遺志，讀聖賢書，並以此為立身之本，並表明自己向南之志和必死信念。

《正氣歌》是作者被俘後所作名篇，此詩前有一序：

餘囚北庭，坐一土室。室廣八尺，深可四尋，單扉低小，白間短窄，汙下而幽暗。當此夏日，諸氣萃然：雨潦四集，浮動床幾，時則為水氣；塗泥半朝，蒸漚曆瀾，則時為土氣；乍晴暴熱，風道四塞，時則為日氣；簷陰薪爨，助長炎虐，時則為火氣；倉腐寄頓，陳陳逼人，時則為米氣；駢

肩雜遝，腥臊污垢，時則為人氣；或圊溷，或毀屍，或腐鼠，惡氣雜出，時則為穢氣。疊是數氣，當侵沴，鮮不為厲。而予以孱弱俯仰其間，於茲二年矣。幸而無恙，是殆有養致然，然爾亦安知所養何哉？孟子曰：「吾善養吾浩然之氣。」彼氣有一，以一敵七，吾何患焉！況浩然者乃天地之正氣也。

《正氣歌》是古代傳誦最廣的愛國主義名篇，歌頌歷代正直忠義之士，表明作者堅毅不屈的民族氣節，誠如詩中所言「是氣所磅礴，凜然萬古存。當其貫日月，生死安足論！」正因為這種凜然正氣，所以作者以一氣抵七氣，成為他的精神支柱，也支撐著他置生死於不顧，令人可欽可敬。

文天祥是南宋末年愛國主義文學的代表人物，也是南宋晚期贛籍最重要的古文家。

第三篇——
元代江西古文

緒論

元朝是我國歷史上第一個由少數民族統治者建立的統一政權。蒙古社會經濟的急劇變化，以及驟然間變得極其複雜的民族關係，使這一時期的社會文化呈現出一些特殊之處。面對悠久而又先進的中原文化，蒙古貴族的軍事首領們充滿了一種強烈的陌生感，對傳統儒學以及漢民族的詩文創作，在很大程度上持一種排斥與貶抑的態度。並且元代科舉考試不時中斷，儒生失去仕進機會，社會地位急劇下降，處於被忽視的屈辱境地。這也使得在元仁宗以前的近半個世紀內，詩文創作顯得相當沉寂。有限的一點聲音，也僅僅是宋、金遺民們懷念故國的濃重悲哀和回天無術的哀傷情緒。

元代中葉，才出現儒學與詩文的復興。在這一復興的過程中，江西文人程鉅夫起了相當重要的作用。程鉅夫在元軍南下時，隨其叔父降元。他是元世祖重用的江南文人，也是規勸元世祖重用江南士人的重要人物。他曾向元世祖建議貢舉中「經學當主程頤、朱熹傳注，文章宜革唐、宋宿弊」（《元史·程鉅夫傳》卷172）；又奉詔搜訪遺賢，向朝廷舉薦了二十多位南方士人，江西文士吳澄、揭傒斯便都在舉薦之中。這樣一種背景，加上江西作為南宋理學基地所遺留下來的深厚基礎，以及兩宋江西文學的優秀傳統，一批江西作家如吳澄、熊朋來、虞集、範梈、揭傒斯等，都相繼在政界和文壇上嶄露頭角。其中虞集、範梈、揭傒斯還與福建的楊載並稱為「元四家」，成為元代中葉詩文創作成就最高的作家，江西文人又一次在詩文領域中爭得了獨領風騷的

地位。三家之後，江西又有一批文學新人如危素、傅若金、周伯琦等步上文壇，而且都取得了頗為可觀的成就。郭預衡教授《中國散文史》中逐一立題述評的元代著名散文家十一人，其中江西作家就有四人，創作成就和地位於此可見。

元代的江西古文沿著唐宋古文的道路發展，更突出的傾向是理學與文章合一。元代散文作家已經沒有宋人那種積極干預現實的勇氣，注意力多在理學而不在政事，即使談到政事，也是恢宏至道者多，針砭時弊者少，這種現象的出現，與元朝政權的高壓政策有關，與元代文人整體地位的卑微也密切相關。前期文學家如劉壎、吳澄等，都是當時著名的理學大師，文章雅正，往往斐然可觀。延祐之後，由於政局相對穩定，經濟也較繁榮，元朝古文出現了繁榮，其代表作家是「元四大家」，其中三家為江西作家。他們的文章溫柔敦厚，題材以歌詠升平為主導，其中也包含有一種倫理價值回歸的內涵，並影響到後期作家如周廷震、危素、傅若金等人。

元明易代，江西古文進入了一個比較複雜的發展時期。這種複雜性表現為兩個方面：一是明代文壇各種文學思潮，在江西文人的創作中幾乎都有反映；二是文壇上人才輩出，作家人數之多堪稱空前，而總體成就卻明顯低於兩宋，顯示出日漸衰弱的徵兆。

散文的發展與明代文學思潮變化的關係十分密切。明代前期，楊士奇以閣臣之尊主盟文壇，其詩文創作自具特色，頗獲時譽，影響了一代文學的創作，對臺閣體文風的形成起到了重要作用，同時期江西作家的散文創作也受其影響。如胡儼、詹同、梁

潛、李時勉等均為館閣大臣、儒學大師，學養深厚，文章鋪陳，代表當時官方正統文學和最高統治者的利益和要求。明中葉「前後七子」宣導「文必秦漢」，江西散文作家都沒有受到太大影響，他們或者取法韓愈，或者規模歐、曾，大致都不出唐宋古文的範疇，在文壇上與當時的唐宋派作家遙相呼應。就創作主體而言，開始由館閣要員向中層新銳轉變，如何喬新、羅玘、夏良勝等都是進士出身，都曾在部省任職甚至任要職，又都程度不同地遭受到政治迫害和打擊，因而，針砭時弊，批評朝政，反映社會民情就成為他們散文的重要內容。

明代又是學術思想發生重大變動的時期，王陽明繼承陸九淵的心學，又借鑒禪宗的思維方式，提出了完整而系統的心學理論。王門著名弟子中便有江西的羅洪先、羅大紘、羅汝芳，號稱「王門三羅」。由左派王學導致的明中葉的思想解放運動，給文壇造成強大的衝擊力，散文領域崛起了著名的公安派。這股思潮同樣影響及於江西作家，其中如羅洪先、祝世祿、湯顯祖便都近於公安派的主張，而且羅洪先、何廷仁等還更類似於王陽明的風格。但可惜這一流派對江西的影響並不太大，隨著整個社會思潮的演變，江西散文很快恢復了它的正統古文的傳統，明末出現的豫章社作家如陳際泰、羅萬藻、章世純、艾南英等，便都宗奉唐宋派作家歸有光，他們的散文也都顯示出與唐宋古文相同的面目與特點。所以，明代江西散文作家基本上是繼承著宋元先賢的事業，顯得模仿的因素多，而創新的精神少。先輩們積累的豐富經驗，反而變為了沉重的歷史負荷，潛在地束縛著散文的發展，影響著江西散文的成就。

　　明代江西還出現了一位被後人稱之為「東方莎士比亞」的偉大戲曲家湯顯祖。他除了光輝燦爛的「臨川四夢」外，也創作了大量優秀的古文，同樣再三強調人的情感需要和個性解放，肯定人的審美欲求，這正是對程朱理學無視情感欲望的有力反撥，是對統治階級所設置的重重枷鎖的掙脫與釋放。

虞集

　　元仁宗延祐以後，是元代詩文的興盛期，其代表作家就是號稱「元四家」的虞集、楊載、範梈、揭傒斯。他們都以盛唐詩風為典範，其中成就最高的是虞集。

　　虞集（1272-1348），字伯生，號道園，世稱邵庵先生，崇仁人，原籍四川仁壽。南宋丞相虞允文五世孫，宋亡後遷居江西。早年受家學薰陶，頗通經史、性理之學。大德初至京師，薦授大都路儒學教授，曆官至秘書少監、翰林直學士兼國子監祭酒、奎章閣侍書學士。曾奉旨修撰《經世大典》，晚年謝病回歸臨川。著有《道園學古錄》、《道園遺稿》等，是元代的文章大家，在當時和後世都有高名。歐陽玄《元故奎章閣侍書學士翰林侍講學士通奉大夫虞雍公神道碑》中說：「皇元混一天下三十餘年，虞雍公赫然以文鳴於朝著之間，天下之士翕然。謂公之文當代之巨擘也。」（《圭齋文集》卷九》）《元史·本傳》中也記載，「以集弘才博識，無施不□，一時大典冊咸出其手」，可見當時宗廟朝廷的典冊，公侯大夫的碑銘，多由虞集撰寫，其學問博洽，享有盛名，可見一斑。

　　虞集崇尚宋文。他對宋代的幾位散文大家，評價很高。如歐

陽脩，虞集認為他是「秉粹美之質，生熙治之朝，涵淳茹和，作為文章，上接孟、韓，發揮一代之盛，英華濃鬱，前後千百年人與世相期，未有如此者也」；蘇軾是「以不世之才起於西蜀，英邁雄偉，亦前世之所未有」；曾鞏是「道說古今，反覆世變，已不失其正，亦孰能及之哉？」（《廬陵劉桂　存稿序》，《道園學古錄》卷三十三）歐陽脩、蘇軾、曾鞏都是宋代的散文大家，虞集對他們的評價實際代表了他對宋文的看法。受歐陽脩平易、曉暢文風的影響，虞集不太喜歡像韓愈那樣奇崛險俏的文風。他不止一次地批評了元初江南文士以「奇險相高」的文風，認為這是「士習鄙陋」的表現。這樣的批評是其館閣文臣身份的體現，也許並不完全恰當。今天看來，元初文學之精華，就在於江南遺民文士的感時發憤之作、激越奇崛的亡國之音。身在朝闕的虞集是很難認識到這一點的，他只是希望，如何建立一種新文風以適應「國朝廣大，曠古未有」的形勢，如何振起「鄙陋」的士氣。在《跋程文憲公遺墨詩集》（《道園學古錄》卷四十）中，他說：

> 故宋之將亡，士習卑陋，以時文相尚。病其陳腐，則以奇險相高，江西尤甚，識者病之。初內附時，公（程鉅夫）之在朝，以平易正大振文風、作士氣，變險怪為青天白日之舒徐，易腐爛為名山大川之浩蕩，今代古文之盛，實自公倡之。……其沖澹悠遠，平易近民，古人作者之風，其可及哉？

顯然，虞集提倡這種「平易正大」的文風，與歐陽脩等人的

宋文傳統不無關係，同時也是迎合承平之時的元中期社會形勢的需要。

虞集長期出入館閣之中，側身於皇帝經筵之席，這很容易使他實踐以文章「垂世立教，以成天下之務」的目的。特別是他前期的文章，無論是應制，如奏表、疏策，還是寫日用人倫，虞集總不會忘記自己作為館閣文臣的身份，對大元廣袤疆域和承平氣象予以熱情地讚美，對君主予以由衷地歌頌。比如，他歌頌元文宗說：「以聰明不世出之資，行古今所難能之事。以言乎涉歷，則衡慮困心，艱勞之日久；以言乎戡定，則撥亂反正，文治之業隆。然而功成不居，位定不有。謙遜有光於堯舜，優遊方擬於羲黃。集群玉於道山，植眾芳於靈囿。委懷澹泊，造道精微，若稽在昔之傳聞，孰比於今之善美？」（《道園學古錄》卷十二《奏開奎章閣疏》）這樣的文字，粉飾氣味過重，當然免不了為後人所詬責，但也要看到虞集的身份所限。

不過，虞集也並不僅是朝廷的御用文臣而已。作為一代儒宗，虞集身上有著較為濃厚的濟世救民的情懷，他在歌頌承平政治之時，也對民生疾苦、社會問題予以了深切關注，這一點，在他的文章中也有體現。如《書堂邑張令去思碑後》一文，就揭露元代地方官府欺壓百姓的事實；《平江路重建虹橋記》則暴露了元代一些官吏中飽私囊、奴役民力的罪惡；而在《送祠天妃兩使者序》中，更是大膽地揭示了元代的東南海運給人民造成的痛苦，並提出了自己的建議。這些文章，雖為數不多，卻具有很強的現實意義。

虞集的散文，體裁廣泛，舉凡碑傳、墓誌、奏疏、策問、序

跋、記、說、志等古文中所有的體裁，均有所涉及，其中，尤以碑傳、墓誌、序跋、記為最多。他的散文風格，前人一般以「雍容優裕」之類的語詞評之，像《虞學士集》（《元詩選》初集卷二十五，庶起士顧嗣立編）中就說：

> 承平日久，四方俊彥，萃於京師，笙鏞相宣，風雅迭唱。於時，虞公方回翔胄，監容台間，有識之士，早以斯文之任歸之。至治、天曆，公仕顯融，文亦優裕，一時宗廟朝廷之典冊，公卿大夫之碑版，咸出其手，粹然成一家之言。

這一概評大體不差。雍容雅正，是虞集文章主要的風格特徵。具體來說從不同體裁的文章，我們可以看出虞集的散文還有如下特徵。

其一，善於刻畫人物性格。在五十卷《道園學古錄》中，文有三十八卷，其中應朝廷所作的典冊、碑傳占去半成以上。而實際的情況可能更多，據黃溍《道園遺稿序》中說，虞集「平生所為文，無慮萬餘篇」，但所存「不啻十之三四而已」，因此，歐陽玄所說「至大、延祐以來，詔告冊文、四方碑板多出乎手」，是真實可信的。

以今人的眼光看，碑傳、墓誌類的文章，文學色彩較弱，可讀性不強。虞集此類文章，當然也不免給人這樣的印象。碑傳、墓誌文是為故世者作傳，客觀、持平當是首先要考慮的因素。虞集就非常注重這一點，他的碑傳文，敘事清晰，考證精細，甚至有「冗漫」之嫌。像卷十四《知昭州秦公神道碑》、《真定蘇氏

先塋碑》，卷十五《嶺北等處行中書省左右司郎中蘇公墓碑》、《戶部尚書馬公墓碑》，卷十六《禦史中丞楊襄湣公神道碑》等等，對碑主的生平、行事都交代得非常清楚，這體現了作為史家的虞集的一面。正因為此，他的這些碑傳墓誌，大多為《元史》編撰者直接吸納，成為後人考察元代人物、歷史、風俗的重要文獻。

當然，虞集也並不僅僅滿足於對碑主的行事作巨細無遺的敘述，他還很重視對人物思想性格的揭示。比如，在《禦史中丞楊襄湣公神道碑》，虞集刻畫出蕭拜住、楊多兒濟不畏權貴，視死如歸的凜然正氣。當時，丞相鐵木迭兒假借太后之旨，糾結死黨殘害忠良，欲治蕭、楊死罪，可他們並不多言，只是指罵鐵木迭兒等人說：「中丞之職，恨不即斬汝以謝天下，果違太后旨，汝豈有今日耶？」又說：「汝等嘗得備風憲，故為是犬彘事耶？」在《史氏程夫人墓誌銘》中，也刻畫了程夫人忠貞、剛烈的性格特徵。在宋元之際，蜀中世家豪族因避戰亂，流離江南。途中，程夫人遇兵劫掠，元兵告訴他們，只要交出黃金者，就可保命。有一婦人趕忙交出黃金，倖免於難。程夫人悄悄地對她說：「金亡暫不死耳，吾兒無資以逃，終必偕死，吾死而金在，幸以活史氏孤，嫗歸，幸語吾兒來求屍取金。」後來，她沒有交出黃金，壯烈被殺。在有的碑傳中，虞集還傾注了自己真實的感情，像在為吳澄所撰行狀、為乃弟虞盤所作撰墓誌中，他都反覆嗟歎痛悼他們的亡故，一呼三歎，感情真摯，極具感染力。

其二，平淡之中蘊含道理。在虞集的散文中，「記」所占比重也很大，有七卷半，近百篇。題材主要有兩類：廟學書院記和

山川名勝記。這類文章也大多是為應酬而作，但虞集往往能較好地將敘事、寫景、議論等表達方式結合起來，其中有些篇章可讀性還很強。如《撫州路樂安縣重修儒學記》（《道園學古錄》卷三十五）中，他先是敘述了樂安縣重修儒學的經過，對地方官重視鄉學的態度予以了讚賞，由此而引發了一段對科舉考試的議論，頗為深刻：

> 近時，業進士其專治者，非《易》、《詩》、《書》、《春秋》《禮》之經乎？其所問辨者，非《論語》、《大學》、《中庸》、《孟子》之書乎？有司得推而舉之者，非所謂孝弟聞於鄉，信義孚於友者乎？夫進士者，朝廷取材之一途耳。有志之士，固不以其廢置得失而有所作輟也。夫儒者之事，進士而已乎哉？為進士者，明斯經也，修斯行也，為道莫近焉。於是反求而自治，即此而不待於他求矣。取諸聖經賢傳之言者，舍炫鬻趨競之文，而求修己治人之實，其所以見諸鄉黨鄰里者，不以苟逃吏議為僥倖，不以委曲鄉原為自喜，而求夫天性人倫之至焉。其來遊於斯學，致力於斯經斯行，朝益暮習，悉心盡悴，父兄之相教，子弟之相承，如攻進士業之勤苦，因其抗果強偉之質，而勇於為善焉。則人才之成就，鄒魯何愧焉？二三百年之進士云乎哉？

虞集認為，朝廷選士以「聖賢經傳」和「孝弟信義」為標準，固不能廢棄，但這也並非儒士為學的「指揮棒」。真正的儒士是不僅應「明斯經」、「修斯行」，而且還要「修己治人」，「求

夫天性人倫之至」，並不以舉子業為自己全部的事業。虞集這一批評，是有一定的現實意義的。延祐開科後，士人入仕的道路雖然更廣，但對當時的文學、學術也帶來了一些弊端，這正如他在《廬陵劉桂隱存稿序》中所說：「延祐科舉之興，表表應時而出者，豈乏其人？然亦循習成弊，至於驟廢驟複者，則亦有以致之者，然與於是執筆者，膚淺則無所明，於理蹇澀則無所昌，其辭徇流俗者，不知去其陳腐，強自　者惟旁竊於異端，斯文斯道所以可為長太息者。」歐陽玄說：「公（虞集）之立言，無一不本於道也。」（《圭齋文集》之「元故奎章閣學士侍書學工翰林侍講學士通奉大夫虞雍公神道碑」）當就是基於此類文章而言的。

虞集的山水名勝記，也多是為他人所作。這些文章，除了文筆流暢平易之外，往往還能闡發一定的道理，體現出他作為理學家的本色。如《襄陽路南平樓記》，他先描寫了襄陽「在荊豫之交，水陸之會，自古形勝之國」的地理形勢，然後由此而引發出對天下一統、民豐物阜的美好願望。

其三，文筆平易曉暢。虞集推崇歐陽脩、蘇軾、曾鞏等宋代散文大家，他的創作也有宋代遺風——平易曉暢。其文章，用語平實，很少用僻字、怪字、難字，給人以曉暢平實之感。比如，他的名篇《尚志齋說》，是闡述「尚志為至要至急」這一大道理，但他並不是板著臉孔，而是巧妙設喻，正說反說，娓娓道來，如話家常一般。歐陽玄曾說：「公（虞集）之臨文，隨事酬酢，造次天成，初無一毫尚人之心，亦無拘拘然步趨古人之意，機用自熟，境趣自生，左右逢源，各識其職。」這是說，虞集的散文雖淵源於宋文，但並不拘泥於既定文法，所謂「機用自

熟」、「左右逢源」，達到了一種「至法無法」的境界。這一評價，略顯拔高。不過，虞集的散文的確脈絡清晰，曉暢通達。如以下這段文字：

> 月到天心，清之至也；風來水面，和之至也。今夫月未盈，則不足於東；既虧，則不足於西。非在天心，則何以見其全體。譬諸人心，有絲毫物欲之蔽，則無以為清。墮乎空寂，則絕物又非其至也。今夫水滔滔汩汩，一日千里，趨下而不爭，渟而為淵，注而為海，何意於衝突？一旦有風鼓之，則橫奔怒激，拂性而害物，則亦何取乎水也？必也至平之水，而遇夫方動之風，其感也微，其應也溥，渙乎至文生焉，非至和乎？譬諸人心，拂嬰於物則不能和，流而忘返又和之過，皆非其至也。是以君子有感於清和之至，而永歌之不足焉。
>
> ——《道園學古錄》卷二十二《天心水面亭記》

這段文字是關於心性修養的，但並不像一些理學家的文章那樣佶屈聱牙、面目可憎，而是有如行雲流水，舒卷自如，「紆徐委備，一本歐陽以衍宋脈」。（錢基博《中國文學史》，中華書局1996年）

虞集的散文，比較典型地體現了元代館閣文臣的文風，同時也適應了元代中期社會政治的需要，因此在當時他獲得「一代文宗」的美譽。他的散文，對後代的一些散文家影響較大，唐宋派的代表人物歸有光就曾仿效他，也將自己的居所命名為「陶

庵」。黃宗羲也給予他很高的評價，認為他和姚燧的散文勝過所有的明文。《四庫全書總目》卷一六七更是高度評價虞集道：「文章至南宋之末，道學一派，侈談心性；江湖一派，矯語山林，庸遝猥瑣，古法蕩然。理極數窮，無往不復。有元一代，作者雲興，大德、延祐以還，尤為極盛，而詞壇宿老，要必以（虞）集為大宗。……跡其陶鑄群才，不減盧陵（歐陽脩）之在北宋。」

揭傒斯

揭傒斯，這個名字載入文學史，是和「元詩四大家」的稱譽緊密聯繫在一起的，而在當時文壇，他的散文亦享有盛名。《元史・本傳》言：「為文章，敘事嚴整，語簡而當。詩尤清婉麗密。善楷書行草，朝廷大典冊及元勳茂德當得其銘辭者，必以命焉。殊方絕域，咸慕其名，得其文者，莫不以為榮云。」黃溍《翰林侍講學士中奉大夫知制誥同修國史同知經筵事追封豫章郡公諡文安揭公神道碑》亦言：「人子欲顯其親者，莫不假公文以為重，仙翁釋子，殊邦絕域慕公名而得其片言隻字者，皆寶而傳之。暮年求文者眾，寢食為廢。」（《文獻集》卷十上）這些說法都形象地表明瞭當時人們對揭傒斯散文的推重。

揭傒斯（1274-1344），字曼碩，龍興富州（今豐城市）人。「十歲能賦詩，十五事遠遊」。大德七年（1303）後，漫遊湖南湖北一帶，湖南帥趙淇素有知人之名，預言他日後必為「翰苑名流」；在明廖道南撰《殿閣詞林記》卷六《館學》中也提到劉基「一見奇之曰：『此魏徵流也，而英特過之，他日其濟時之器乎』」；程鉅夫、盧摯等先後任湖北肅政廉訪使，對他更是十分器重。延祐初（1314）薦於朝，特授翰林國史院編修官，後升翰

林應奉文字、國子助教。天曆初開奎章閣，首擢授經郎，並參與修纂《經世大典》。元統中累遷翰林侍講學士，同知經筵事。至正三年（1343），年七十，致其事而去，詔遣使追還，撰寫《明宗神禦殿碑》，與任遼、金、宋三史總裁官。次年，修成《遼史》。為早日完成金、宋二史，偈斯留宿史館，朝夕不休，得寒疾而卒。追贈豫章郡公，謚文安。生平事蹟，《元史》卷一八一有傳，著作有《文安集》。揭偈斯與黃溍、柳貫、虞集並稱「儒林四傑」。

一、創作類型多樣，內容豐贍

　　他的「書」與雜文是最見其議論和才情的文體。這類文章，揭偈斯往往能抓住關鍵，分析得絲絲入扣，騁議馳辨，理正辭嚴。其《與尚書右丞相書》，首立論旨「因眾者可以顯立功，忘己者可以廣得賢」，然後以「千尺之松」、「森木之林」為喻，「千尺之松，不蔽其根者，獨立無輔也。森木之林，鳥獸群聚者，眾材咸濟也。是故自用無朋，專欲無成，得眾者昌，寡助者亡，此賢愚同智，古今一軌者也」，希望對方能「廣攬英賢」以立功。如何立功呢？作者進一步論述「懸千金之賞，不患無徒木之人；市千里之骨，何憂無絕足之馬？誠能推誠折節，激昂鼓舞，則士必樂為用。士樂為用，何功不成？」這樣，排比、反問、設問層層深入，步步進逼，從而揭示其意旨，將其議論之勢推至高峰。同樣《上李秦公書》中也用相當多的修辭手法來論述「志」與「道」的重要性，首先提出論點「夫士志為上，時次之，位次之」，接下來假以農和商的比喻：「農不以水旱怠其耕，商不以

寒暑輟其負販，故能致千金之產，登百穀於場，況士之致於道者乎！不逢於今，必顯於後」。再深入論述：「有其時，有其位，道行於天下，天也。無其時，無其位，道不行於天下，亦天也。故士之所患者，志不立，道不明，不敢計其時與位也。」最後全文作結：「天下之士，莫不顒顒然厲其志、修其道，以待時之用己」，立論與駁論相結合，放到今天，這也是一篇條理、論述俱佳的議論文。

　　他的「記」、「碑」、「銘」，則偏於顯示其「史筆」之才性，亦更具文學意義。古代對於文人的衡量，往往以其是否具有「史才」為評判的重要標準。歐陽玄撰寫的《元翰林侍講學士中奉大夫知制誥同修國史同知經筵事豫章揭公墓誌銘》（以下簡稱《揭公墓誌銘》）記：「在國史時，李文忠公見所修《功臣列傳》，撫卷歎曰：『他人膽吏牘耳！若此，方謂之傳。』」，黃溍所撰《揭公神道碑》亦載此事：「李公以政府兼史館，觀公所撰《功臣列傳》，撫卷歎曰：『此方謂之史筆，他人真膽吏牘耳！』」，兩處記載雖文字略有不同，卻均揭示出揭氏以其「史筆」之才創作傳記類散文的特點：不是僅限於平面地真實地描摹其人其事，而是以自己的才能進行剪裁勾勒，傳神地凸顯人物，使之具有立體感。如其《陟亭記》，敘其自清江溯流而上至盧陵，順次見巨石、小溪、階亭，敘家中人事蹟，一般「記」文至此可劃上句號了，可揭氏又增一筆：「升高而望」，只見「青原、天容、天玉諸峰如劍如戟，如屏如帷，如卓筆者，陳乎其前。東山、墨潭、蛇山之屬，如騫如倚，如據如伏，如黝如紺者，繚乎其後。飄然如匹素，渺然如白蛇，自天南下千里不息而橫截乎黨灘者，贛江也。

朝暉夕景，長雲廣霧，明滅變化，不可殫紀。」頗有層次地描繪
陟亭的大背景，凸顯陟亭的高峻縹緲；最後又以「記」之筆法，
議論阮浩兄弟孝舉，提出自己的觀點：「孝於親，莫大於敬其
身；敬其身，莫大於勵其行」。（《文安集》卷十一）全文融記
敘、抒情、議論為一體，形式靈活，不僅顯陟亭之形，亦顯其
神。

　　他的《故叔父常軒五府君哀辭》更是文采華美。他的這位元
五叔不見於歷史記載，生平事蹟不可考。據文章推測，應是生活
在元代前期的一位懷才不遇而潦倒終身以死的讀書人。不同於一
般的傳記寫法，揭傒斯沒有寫出叔父的生平事蹟，也沒有一些過
多的溢美之詞。開篇便把我們帶入一個浪漫而悲傷的境地：「嗚
呼！……望不見夫人兮，聽不聞其笑與言。風纏纏而不絕兮，雲
漫漫而彌天。日翩翩而赴海兮，水咽咽而流川。匪美人之淪謝
兮，餘孰為之悄悄。」沒有了叔父，風雲為之變色，江水也為之
悲傷嗚咽，仿佛是他鍾情的一位女子，作者為其逝去而憂愁。可
是這並不是一篇關於愛情的悼詞，作者想要抒發的也不僅僅是懷
念，在下文作者便爆發了：「樸樕擁聳而蔽天兮，松栢僕而在
泥。荃蕙羃歷而沉穢兮，百草厭浥而揚輝。鷺憒憒鑯六翮以投棘
兮，鷗鴞高舉而天飛。犛牛仰空躍踔而長鳴兮，驊騮駬騄躑躅靡
徙而不肯馳。」呈現在眾人面前的是這樣的場景：小樹聚集，而
松柏倒地，野草叢生，而香草被遮蔽，鳳凰和駿馬都無法高飛騰
躍，因為這全是小鳥和老牛的世界。看到這裡，讀者都能明白，
那時蒙元貴族推行歧視漢人和文人的政策，不實行科舉，堵絕了
漢族文人的進身之路。所以，這位常軒公的一生遭際在當時很有

代表性。揭氏在借叔父的酒杯澆自己的塊壘。文中長歌當哭，哀音繞梁，抒悼亡之深情，則所見山水風日無不慘然；發憤世之感慨，則歷數其事處處良莠不分。

　　而於當時文壇，人們更多地認為其散文敘事嚴整，語言簡潔。歐陽玄《揭公墓誌銘》言：「正大簡潔，體制嚴整。」（《圭齋文集》卷十）黃溍《揭公神道碑》亦言：「公為文敘事嚴整而精核，持論一主於理，語簡而潔。」《元史·本傳》也有類似觀點。這一評價由於多方闡述，因而影響較大，歷來偶有片言隻語論及揭氏散文者，均未脫此巢臼。筆者認為，此評並不適於上述幾類文體，而僅適於揭氏「製錄」類散文。這類文章，簡潔明瞭，多為一二百字之文，而又筆調森嚴，頗中法度，深得時人稱賞。歐陽玄《揭公墓誌銘》言：「上覽所撰《秋官憲典》，驚曰：『茲非唐律乎！』又覽所進《太平政要》四十九章，喜而呼其字以示台臣曰：『此朕授經郎揭曼碩所進，卿等試觀之。』其本常置御榻側。」可見揭氏相當擅長公務文書的撰寫。其《諸王羅羅岱追封保甯王諡昭義制》、《元旦翰林國史院賀皇太后表》、《上再即位奎章閣賀表》等文均在百字之內，筆法簡約而不失其主旨。尤為可貴的是，在此等公務製錄中，常有「山川以之興悲，日月為之動色」、「雲氣蓬萊，春風宇宙」等形象生動、文采斐然之筆，增強了此類文章的感染力和可讀性。同樣，他的書序類文章亦簡短扼要，嚴明有序，此不贅述。

　　總之，揭氏散文的創作，內容巨集富，類型多樣，形式自如，風格不一，遠遠超越前人「敘事嚴整，語簡而當」之定評。

二、深廣的憂患意識和逍遙的自適情懷結合

揭傒斯父親揭來成是宋時鄉貢進士，一個飽學宿儒。傒斯家境貧寒，不能束脩入學，只好以父為師，自幼便受父親濃厚的儒家思想的薰陶，這是揭氏成為一名理學之士的堅實的思想基礎。作為一名理學之士，又被朝廷重用，揭傒斯一直以文學為政事而自奮自勵。讀其文集，赫然顯現出一個經綸滿腹、識見深邃的正統而典型的儒家知識份子的形象，處處展現著他的文化品格。

深廣的憂患意識，是揭氏散文最為顯著的文化品格。元代的統治是建立在殘酷的階級壓迫和民族壓迫的基礎上的，統治者窮奢極侈，官吏貪暴，人民生活陷入悲慘境地。在尖銳的階級矛盾和殘酷的民族壓迫下，人民不斷起義，社會極為動盪不安。深受儒家「天下為公」思想影響的揭傒斯，關心政事，體恤民情，「對大臣言，其辭不及他，第言某處災傷未賑恤，某政弊未除，某人賢在下位未擢用。」因此，他把散文當作參與時政、干預現實的工具。他在「制」、「表」、「碑」、「銘」中，頌忠勇之士；在「書」、「序」中，勉勵對方為國為民；在「雜記」中，議論立政立教。其憂患意識無處不在，無時不有。如《楊氏忠節祠記》，文章以「忠節」二字為一篇之骨，滿懷崇敬地敘述了盧陵楊氏先賢的忠節事蹟，追溯了天下楊氏公認的遠祖和盧陵楊氏的由來，同時也歌頌了歐陽脩、文天祥、周必大等楊氏以外的先賢，表現了對英才輩出、正氣浩然的宋代盧陵的無比自豪之情，在文章的最後，作者特別提到「嗚呼！觀楊氏祠，則盧陵多賢之故、楊氏人物之盛、宋三百年養士之效，亦可見已。世好言士無

益於國，可乎？」，作者認為楊氏之盛和廬陵的多賢，與宋代培養人才的成果是緊密聯繫的，而相比照的是蒙元貴族認為「士不足用，科舉無補與國」，揭傒斯認為不可取。在他的文集中也再三予以揭露和批評。

揭傒斯順應文體不同特徵，靈活自如地表達其內心一以貫之的聖人之道，懷民之心。「制」、「表」、「碑」、「銘」中，有「沉鷙有謀，剛勇獨斷」的呼圖克岱爾，有建功烈於民的關羽、李冰，有「安危靖亂，行政施化」的董公守中，有販貸災民而不受賞的甘果等忠勇之士，均以傳記方式出之，力圖以自己的嘉許而使天下人爭而效之，實現以德化民。而在「書」、「序」中，則以議論的方式，闡述聖人之道、為政之行。其《與尚書右丞相書》勉其因眾而顯立功，忘己以廣得賢；《與蕭維鬥書》從窮善達兼關係出發，認為「天之生斯人也，豈徒欲寵榮其身體，利澤其子孫而已，亦欲使生民之有知也」；《送張掾序》以「君子平其心而直其氣，思其職而竭其力，樂其效不計其報」勉之。揭傒斯一直以聖人之道為本，以國家黎民為懷，借此文體，既為勵人，又是勵己。而於雜記中，亦不失時機地闡述其立政立教的觀點。如《富州重修學記》借富州重修小學，為之作記，提出「故人之生也，為之學校以教之，設科以舉之，必使士有恆業，民有恆志，然後聖人之道可明，賢材可得，而治可成也」，將教育與國家之治密切聯繫在一起；《昭勇廟卷雪樓記》先言卷雪樓建造緣起，與吳將軍忠勇事蹟相契的「驚風白浪」之景，從而提出「故君子立功立事，必思以顯當世而垂無極。斯樓之作，亦非徒欲觀濤浪窮勝概而已，蓋所以勸忠也」。由此見出，揭氏無論何

時何地何事作文，總是以經世致用為目的，以匡世濟民為宗旨，從不著空文。歐陽玄《揭公墓誌銘》曾記其言：「使揭某有一得之獻而諸公能用其言，天下遂獲其利，雖老死於此不恨；不然，何益之有！」揭傒斯確實在一生中履行著這一信條。

與他這種憂國憂民情懷緊密聯繫的是，他的散文中顯露出濃厚的平民思想。這表現為他雖為翰林宿臣，卻並不高高在上，對平民的苦樂有較深的理解，並為諸多的不名之士作墓誌銘，獎掖其在平凡的生活中創設出的不平凡，有不為世所知的董公、甘果、劉福、徐君、陳君、楊君等等。特別值得提出的是《贈醫氏湯伯高序》，文章記載了揭傒斯鄉人徐若虛先生歷數十年學成後，行醫百姓，他「無富貴貧賤，不責其報，信而治，無不效」，這樣一位默默無聞卻造福百姓之人，賴揭氏之筆而留名。再如《題鄒福詩後》，載錄的是一「田夫之子」，「與人傭耕」之人，但他刻苦自勵，勤奮好學，故記之「以為世之世臣、大家、學士、士大夫之子弟不知學者之勸」。文章中，作者對生活在底層的鄒福的關切、賞識之情溢於言表。

揭傒斯受宋元理學薰染，又主張文以明道，故文中道學氣較濃。但他與一般的道學家不同，並不抽象地談論天理，而多論聖人之道、治國治民之道、人生恒常之道，與社會現實、百姓黎元緊密相連。同時，他思想中還有自由灑脫，逸出儒家軌轍的一面，表現出一種渴望逍遙自適的情懷，這主要在他的一些山水亭記及給隱士作的墓誌銘中有所體現。揭傒斯為不少隱君處士作過墓誌銘，如鄭隱君、饒隱君、楊隱君，逸士徐君、陳君，處士熊公等等，既有推崇隱逸之思，又有寄懷山水之情。其《饒隱君墓

誌銘》（《文安集》卷十三）敘饒君隱居處之幽美清新「其山四高，環合如城，中有良田美木，水聲淙淙，與禽鳥之聲相亂。坐予屋西別墅悠然之亭，諸子玉立，觴酌屢行。複徘徊濯清、釣雪諸軒亭之間，花氣襲衣，竹蔭滿地」，令揭氏「泠然忘歸」，「一再過之」，並銘饒君言：「不角而勝，不求而足」，優美的文筆中表現出揭傒斯渴望至隱自適之情。其山水亭記亦有此種體現，如《胡氏園趣亭記》（《文安集》卷十）中寫胡叔俊「日坐亭上，與園丁野老論農圃之要，除其榛穢，修其經術，疏其流泉，時其灌溉，觀其華實之生成，閱陰陽之變化，以察夫消息盈虛之理，而忘其世慮。」寄情山野隱趣，而將塵事當作世慮。他又言：「客至則觴詠嘯歌，或風乎松竹之間，或綸乎清池之上，雲山煙水，交錯乎指顧之間，而園中之趣，雖萬鐘之祿，不與易也。」亦很迂回地表達了自己嚮往縱情山水園林之趣的內心。此中，我們既看到一個血肉豐滿的揭傒斯，也品味到傒斯文之理趣、情趣並兼之美。

揭傒斯為當時著名文士歐陽玄的文集作序時，稱「其為文豐蔚而不繁，精密而不晦者，有典有則，可諷可誦，無南方喁哳之音，無朔土暴悍之氣」（《歐陽先生集序》，《圭齋文集》），認為歐陽玄之文有虛靜中和之美，其實，這也正是揭傒斯散文的藝術魅力所在。

元代其它作家的古文

　　除虞集、揭傒斯等三大家之外的江西文學家們，在江西文壇上也佔有一席之地。總的來說，前期作家比較注重文章的藝術性，風格偏於秀美，代表人物有劉壎、熊朋來、程鉅夫、吳澄、劉將孫等人，中、後期作家受虞集等人的影響，較為典雅，代表作家有周霆震、危素、梁寅、傅若金等。

　　劉壎（1240-1319），字起潛，號水村，南豐人。少孤，聰明好學，博覽群書。咸淳六年方入仕，始署建昌路學正，七十歲遷為延平路儒學教授。著有《隱居通義》、《水雲村稿》等。

　　《南豐縣志》稱劉壎「平生不尚文華，惟以道德自重」。劉壎的一生注重道德修養，以孔孟之道嚴格要求自己。同時他也重視文章的法度，認為做文章應有一定架構，詩文的創作更要有新意，「語意不塵，詩文之一妙也」。他的文章「多灝瀚流轉，亦殊有清雋之氣，而間以俳句綺語攙雜其間」（《水雲村稿》總目），並非「不尚文華」。以他的一篇代表作《水竹佳處記》來看：

　　文章開頭提到了寫作的由來，是因為一位月潭曾君所居住的地方「清漪淪漣，翠玉叢郁」，所以作者取名為水竹佳處。接下

來作者詳細描寫水竹佳處的「四時之美」，「韶景沖融，桑麻杏靄，耕犁如雲，江鱗游泳，春之佳處也；梅林諸波，舸艦銜尾，龍兒解籜，禽語宮商，夏之佳處也；秋之佳處，山眉洗黛，月浸澄江，蘋蓼映而鷗鷺飛；冬之佳處，疏林枯梢，瓊田玉界，行客稀而漁舟沸」。四言句式整齊的排比並列，一幅美景如在眼前，讓人心馳神往。一般的遊記到這裡也可以稍作總結而結束了，可是作者由春及冬，層層鋪敘，妙筆生花，引人入勝，目的並不在此，接下來而是用反襯的手法逐漸襯托出主題，「則佳處不在水竹，而在君之家庭」，水竹佳處之美不在水竹，而在月潭曾君的家庭。還不僅僅如此，而在於「忠厚培福壽，詩禮淑子孫」。「忠厚培福壽，詩禮淑子孫。」這是劉壎所提倡的一種道德修養，這也是中國傳統文化所崇尚的一種人生態度。它提倡與人為善，提倡文明進步，積極向上，悠然自適，有高雅淡泊之志，無塵俗嗜欲的紛擾。作者在本文中把它提煉出來，用詩歌式的語言將它表現出來，語氣連貫，文采華美。所以他的文章可以說，既重道德，又尚文華。

程鉅夫（1249-1318），初名文海，以字行，號雪樓，建昌（今南城縣）人。宋末從季父飛卿入元，遂留宿衛。後改授翰林修撰，遷集賢直學士，兼秘書監、侍御史。卒，追封楚國公，諡號文憲。有《雪樓集》。

由於程鉅夫是元世祖重用的文人，他在文章中從不吝嗇讚譽元世祖忽必烈之辭以及個人知遇之恩的心情，並且毫無粉飾誇張，溫厚典雅。在《魯齋書院記》中可見其肺腑之言：

世祖皇帝經營四方，日不暇給，而聖人之道未始一日不在講求。……世祖皇帝踐阼，先生又以其道入佐皇明，施於天下，卒能同文軌而致隆平，由是聖人之道複著。蓋有是君，必有是臣。陰陽之消長，日月之晦明，聖賢之用舍，固各有其時也。今天子以天縱之質，繼列聖之緒，向用經術，尊禮儒先，彬彬雍雍，著者益彰而且廣矣。先聖後聖，顧不同條而共貫與。

魯齋書院是元延祐元年（1314年）五月，即許衡逝世三十三年並從祀孔子廟廷一年後，京兆人民為紀念和推崇許衡的教育功績，專門在今西安市東關八仙庵南鄰建立的書院。程鉅夫在建立魯齋書院前後兩次為魯齋書院撰寫文章，分別為《諭立魯齋書院》和《魯齋書院記》，實屬可貴。這也不難看出作者的文風所在。

程鉅夫對於元世祖的讚揚溢於言表，對於學術大師許衡也是推崇備至：「若朱子之立言，使聖人之道複明於簡籍。許先生之立事，使聖人之道得見於設施。皆所謂豪傑之士也。觀先生之於朱子，信其道，從其言，尊之為父師，敬之如神明，嗚乎！殆所謂雖無文王猶興者興。終際昌時，出其所學，有以當聖人之志，建不朽之功，可謂開物成務之材矣。《詩》云：『亹亹文王，令聞不已』，聖祖有焉。『樂只君子，邦家之基』，先生有焉」。文中直把許衡譽為「邦家之基」，也表達自己同樣的理想和嚮往。

程鉅夫「宏才博學」，既是當時名臣，更是古文名家。虞集在《雪樓集序》中高度評價：「宋季士習卑陋，以時文相尚，病

其陳腐，則以奇險相　，江西尤甚。鉅夫始以平易正大之學振文風，作士氣，元代古文之盛，實自鉅夫創之。」當時的大家虞集給他如此高的評價並不過分。他的文章大多平實通順，語言曉暢，如《此君軒記》：

> 古之爵五等，而有土有民者曰君；非有土有民而蒙是號，必其德有可尚者也。人而能是，亦希矣。竹，物也，而何以得此稱於子猷哉？竹之德固可尚：心虛而神清，貫四時而不改也。晉人尚雅趣，頗以不事事為清虛。吁！比德於竹者，如斯而已乎？吾至官，借宅於人，而植竹於西軒之外，複借子猷所以號竹者名吾軒。吁！吾軒借於人也，軒之名借於人也，皆非吾所自有也，獨所以如竹者，非可借於人，而意子猷或未之知。然則子猷之君此，君亦借耳，借歟非歟？是未可知也，吾將問之此君。 至元三十一年五月五日記。

文章非常短小，百餘字，但雅正平易，表現作者崇尚「心虛而神清，貫四時而不改」的人格精神，有北宋館閣餘風。

吳澄（1249-1331），字幼清，撫州崇仁人，學者稱之為「草廬先生」。程鉅夫奉詔求賢，徵吳氏入京，歷元七朝，任應奉翰林文字、國子監丞、遷翰林學士，進階太中大夫、泰定帝開經筵，吳澄為講官。修《英宗實錄》。卒，追封臨川郡公，諡號文正。有《吳文正集》百卷行世。

吳澄是當時著名的理學家，著有《吳文正集》，四庫館臣在此集《提要》中提到「北有許衡，南有吳澄。……所以恢宏至

道，潤色鴻業，有以知斯文未喪，景運方興云云。當時蓋以二人為南北學者之宗」，並且評論其文章是「澄之學，主於著作以立教……詞華典雅，往往斐然可觀。據其文章論之，澄其尤彬彬乎」。也就是說，吳澄文章的特點在於典雅方正，文質彬彬，理學氣息濃厚。他主張詩歌的創作應是「古之詩皆有為而作，訓戒存焉，非徒修飾其辭，鏗鏘其聲而已。是以可興可觀可群可怨」（《劉複翁詩序》，《吳文正集》卷二十二）。這實際上也是他對散文創作的要求。

如《卷舒堂記》，寫作緣起於文天祥為劉靜隱題寫「卷舒堂」三字，勉勵劉氏子弟世代要勤奮讀書。吳澄接過讀書這一話題，進一步闡述了「為何讀」和「如何讀」的問題：

　　　夫卷而舒，舒而卷，卷而複舒者，以書之不可不熟讀也。讀之將何求？必有以也。而世之讀者，不過以資口耳之記誦，不過以助辭章之葩豔。鸚舌翠羽，悅聽視焉耳矣。察其為人，稽其行事，胸蟠萬卷之儒，或不如目不識一丁之夫。何哉？讀而不知其所以讀也。且書之所載，果何言與？理也，義也。理義也者，吾心所固有，聖賢先得之，而寓之於書者也。善讀而有得，則書之所言，皆吾之所有，不待外求也。不然，買其櫝而還其珠，雖手不停披，口不絕吟，一日百千卷舒，書自書，我自我，讀之終身，猶夫人也，而何益焉？不惟無益也，甚其過者有矣：長其驕，長其傲，長其妄誕，長其險譎，靡不由書之為祟。彼之胸中無一字者，或不如是也。噫，是豈書之禍人哉？人之禍吾書爾！

作者首先批評了那些讀書只不過為了「資口耳之記誦，助辭章之葩豔」以贏取聲名利祿的讀書人，他們雖然「手不停披，口不絕吟」，但沒有認真體會書中的理義，不知反省，讀書與自己的身心修練毫不相干。這樣讀書不僅無益，反而有害，足以長驕傲狂妄之心，陰險狡詐之意。這是對書的禍害。後來明代的李贄進一步發展了這種說法，認為君子誤國，更甚於小人，因為「公但知小人之能誤國，而不知君子之猶能誤國也。小人誤國，猶可解救，君子誤國，則未之何矣，何也？彼蓋自以為君子，而本心無愧也，故其膽益壯，而志益決」，這恐怕也是讀書不當帶來的危害。吳澄認為這樣雖然胸有萬卷，還不如目不識丁的農夫樸實厚道。那讀書究竟是為什麼呢？作者也給了我們一個答案，讀書為的是明理義，體認自己心中的德行良知，從而做一個自由自覺的大丈夫；讀書之法應該是切己自反，躬行實踐，把書中的理義與自己的身心修養相結合。只有這樣，才能有真實所得，才不是浪讀、虛讀和誤讀。這些見解也就是要求讀書人解決人生觀、世界觀這類根本的問題。雖然吳澄的時代和我們今天不同，但他的觀點至今仍啟迪人心，讀書不僅僅是為了考學，為了分數，為了工作，更重要的是為健全個人的人格修養。大而化之，整個社會的人文精神也是和「善讀書」分不開的。

短短的一篇文章，深刻地說明一個道理，吳澄以他的創作實踐來說明「有為而作，訓戒存焉」，說明文章並不僅僅在於辭章的華美、修辭的繁複。

吳澄的《送何太虛北遊序》也多為人所傳誦。他針對當時的世象世風提出了士遊與不遊的問題，並闡明自己對遊的幾種認

識。在今天我們讀來，仍有很強的教育意義。開篇就以一個悖論起題，老子提倡的「不出戶，知天下」，所以士不須遊，但又因男子志在四方，所以又必須遊。那到底是遊還是不遊呢？作者緊接著在下文之中開展論述，舉孔子「適周而問禮，在齊而聞韶，自衛復歸於魯，而後雅、頌各得其所也」為例。孔子是世人公認的聖人上智，他都出遊，何況普通人呢？不遊者所信奉的老莊之學，在吳澄看來，只是「治身心而外天下國家」，他認為儒家的遊是肩負著天下大任，遵守禮儀，關心百姓疾苦的游。批判了道家「寡聞寡見」，「無為」的思想。這些觀點與吳澄為學折衷朱陸兩派是分不開的。文中他還寫到交友問題，提倡「獨學而無友，則孤陋而寡聞」。我們當今仍能聽見「兩耳不聞窗外事，一心唯讀聖賢書」的教誨之聲，這不能不說是歷史的一種退步。家長與老師每天都用「填鴨式」的方法來教育學生。現在的學生學校——食堂——家三點一線的單調生活。他們不知道學校以外的生活是怎樣，更不知道世界的廣闊。當然這也有一定的社會原因，如就業壓力大，對人才要求高學歷、高素質等。我們的學生正走向「讀死書，死讀書，讀書死」的一條死胡同裡，從這點上看來《送何太虛北遊序》的現實意義是極先進的。提倡「遊」，又「如何遊」呢？作者先從這方面舉出一些例子。他們或是貪圖進入權勢圈的人，他們借出遊為名，「奔趨乎爵祿之府，倚促乎權勢之門，搖尾而乞憐，脅肩而取媚」，以求得宣揚上的寸進，可謂是醜態百出。他們或是以在官場之名到處出遊，以賺取收刮錢財，充實囊橐。其貪厭的嘴臉簡直叫人噁心、激憤。在作者眼中，這兩種人的遊都不是聖人之遊。那麼怎樣才算得上聖人之遊

呢？

　　這時候何太虛才正式登場。他從正面寫出太虛「以穎敏之資，刻苦之學，善書工詩，綴文研經，修於己，不求知於人，三十餘年矣。口未嘗談爵祿，目未嘗睹權勢，一旦而忽有萬里之遊，此人之所怪而餘知其心也」，然後仍從反面刻畫一些人的醜態：

　　　　世之能操筆，僅記姓名，則曰「吾能書！」屬辭稍協聲韻，則曰「吾能詩！」言語布置，粗如往時所謂舉子業，則曰「吾能文！」閫門稱雄，矜己自大，醯甕之雞，坎井之蛙，蓋不知甕外之天、井外之海為何如，挾其所以能，自謂足以終吾身、沒吾世而無憾。

　　吳澄仿佛有一雙透視眼，看出了數百年後今人的浮躁與淺薄：只會寫自己的姓名，就自認為書法家；會寫兩句打油詩，便認為是詩人；在網路上發了幾個帖，便敢自封為作家。而何太虛「書必鐘、王，詩必韋、陶，文不韓、柳、班、馬不止也。且方窺闖聖人之經，如天如海，而莫可涯，詎敢以平日所見所聞自多乎？」作者認為這才是真正的出遊。與那些醯甕之雞，井底之蛙相比，太虛之遊貴在提升了自我。

　　吳澄最值得後人稱道的是，他提出出遊的真正目的在於達到萬物皆備於我的自我提升這一終極目標。我們在遊中可不斷地使交友更加廣闊，閱歷更加豐富成熟，見識日漸增長，精神也日漸振奮。將大自然一切山川風土、世間一切民情風俗、古今詩文皆

備於心，充滿大智慧方可不出戶也。這是多麼富有遠見卓識的文字。

梁寅（1309-1390），字孟敬，新喻（今江西省新餘縣）人。世代務農而貧，仍致力於學，博通《五經》及諸子書。元末征辟為集慶路（今南京市）儒學訓導，兩年後以親老辭，在家教授生徒。洪武二年（1369），應明太祖聘名儒學者修纂禮樂書之徵，已年逾六十。在禮局中，討論精審，眾人推服。書成將授官，以老病辭歸。結廬石門山，四方之士多來求學，尊稱為「梁五經」，又稱石門先生。有《詩演義》、《周禮考注》、《石門集》等。

梁寅是元末名儒，《四庫提要》在《石門集序》稱其「寅平生著述甚富，於《易》、《書》、《詩》、《春秋》、《周禮》、《禮記》皆有訓釋」，但大多散佚，「惟詩文集僅存」，對詩文的評價為「寅邃於經術，故其文皆能原本注疏，經義紛綸，頗為醇雅有法，詩亦春容淡遠，規仿陶（陶淵明）韋（韋應物），殊無塵俗之氣。惟河源一記，過信傳聞之說，其失正與潘昂霄相同。書生拘墟之見，承訛襲謬，無足多責，固存而不論焉可矣」，論其文為「醇雅有法」，評價頗高，可是獨獨對一篇文章提出了批評，「過信傳聞之說」，這就是《河源記》。

開篇提到「古今河源之說異」，然後以元世祖時代大臣都實西溯河源至星宿海的親眼所見，糾正了歷代關於黃河源頭的種種傳聞，彌補了對黃河源頭認識上的缺陷，作者詳加描述：

河源在吐蕃西鄙，有泉百餘竇，地方七八十里，皆沮

洳，不勝人跡，泉不可遍觀。登其旁嶺，下視泉竇，歷歷如列星然，故名「鄂端諾爾」。「鄂端」者，漢言「星宿」也，「諾爾」者，海也。星宿海合流而東，匯為二澤，複合流，始名黃河，然猶清可涉。河析為九，即九渡也。廣五七里，下複合流。漸遠，水益渾，土人抱革囊騎過之。其聚落之處，多編木如舟以濟，附以毛革，中僅容二人。又東，則兩山峽束，廣可一二里，或半里，深巨測矣。昆侖腹頂皆雪，盛夏不消。河過其南，距山麓僅五六十里。又南，為四達之沖。地多盜，常鎮以兵。昆侖之西，人民少。山居。其南山峻，獸有旄牛、野馬、狼麋、猵羊之屬。東則山益峻，而地漸下，岸至狹，或狐可躍度。河至貴德州，始有官治。曆積石至河州東北流，曆蘭州、鳴沙州、應吉里州。流正東。自星宿海至漢地河。南北小水旁注者眔、其山或草或石。至積石始林木暢茂。世言河九曲，而彼地有二折云。（《石門集》卷六）

可以看出文章辨析確鑿，真實性強，特別對星宿海一帶奇異的自然風光，寫得歷歷如繪，如臨其境。雖然他取材於潘昂霄《河源志》，但學術性和文學性都優於原作。梁寅的散文善於學問，長於剪裁取捨，精於謀篇布局，語言平易淺近而精煉的特點，於此可見。可是《四庫提要》卻認為仍屬於「書生拘墟之見」，實在是抹殺了梁寅考證和文學的功勞。

劉將孫（1257-?），字尚友，號養吾，廬陵（今江西吉安）人，劉辰翁之子。宋末以文名第進士，嘗為延平（今福建南平）

教官、臨汀書院山長，學博而文暢，名重藝林。受家學薰染，故當日有「小須」之目。著有《養吾齋集》，吳澄為作集序，稱之「浩瀚演迤，自成為尚友之文」，並公正地評價他「序、記、碑誌諸文雖傷於繁富字句，亦間涉鉤棘，然敘事婉曲，善言情款，具有其父之所短，亦未嘗不具有其父之所長」，也就是指他的文章喜歡繁複的字句，有風格纖巧的一面，也有其父劉辰翁佶屈、艱澀之病。這種看法並不全面。劉將孫為文確有艱澀者，特別是一些議論文字，用語生澀，又好用典。但這類文章在劉將孫文集中並不占絕大多數，大多文章平易曉暢，如《送戴石玉序》（《養吾齋集》卷十三）一段議論：

> 自孔孟來，士未有不遊。或以師友游，或以賓客遊，或以學問遊，或以才藝遊，或以辭華遊。二千年才賢特達，未有非以遊而合也。老泉自歎無成，有二子，不忍使其老於窮鄉，故汲汲焉。及盛年而推之四方，置之通都京邑，以發舒其才。使二蘇待其修於眉山，傳之京師，驛致而禮羅之，何能震動超越如是哉！

語言既簡明又曉暢，論證也有理有據，使人信服。

劉將孫大多數文章仍然具有其父「敘事婉曲，善言情」的特點。「記」在劉將孫散文中所占比例最大，寫得好的作品不可勝數，如卷十七《沂濱道院記》，卷十八《桂隱堂記》，卷十九《晚香堂記》、《存耕堂記》、《明明齋記》，卷二十《適安堂記》，卷二十一《樓碧山房記》、《長沙萬卷樓記》、《停雲軒記》《竹齋

記》，卷二十二《湖山隱處記》、《自有樂地記》、《如心畫室記》。
如《適安堂記》云：

> 人情於所安者不能忘，而安不可常得。往辟兵離城居，
> 顧念戀戀，孰非所素安？故人飾華屋迎奉待還，顧慨然不如
> 故廬之為適。間清風明月，思舊家竹樹，雖清景有過之，而
> 不予適也。一日戈矛迫之，走暮夜，穿荊棘，心搖搖不自
> 寧。所過深密，柴門抖擻，苟圍欒相保，意未嘗不羨之。及
> 歸而得故處，欣然安之，有過於其舊也。於是思所謂「惟適
> 之安」語，古人類閱世而為斯言也。吾等倘非逢不意得暫
> 逸，安知其味哉？

不經戰亂的人，不會有如此深切的感受和體會──惟適之
安。

《可懶堂記》（《養吾齋集》卷十九）關於「懶」的一段議
論，更是出人意表：

> 人生情性雖各不同，亦必各有所好。或好於勢利，或好
> 於嗜欲。充其所好，雖欲懶，不可得也。雞鳴而起，晝夜僕
> 僕，以至夢猶化為役夫。蓋終其身不克，拔以及於，悼悔蹉
> 跌，淒其晚悟，或欲聞鶴唳不可得。使其早有一念之及於
> 懶，亦安至此？人欲不懶若是者，又可願之耶？

認為不懶使得人生匆忙，「化為役夫」，無法享受生活的快

樂，這倒與今人提倡享受生活有幾分類似。但是作者也並不是一味強調「懶」，最後還是指出「世間惟學問不可懶，而非有懶趣者亦不能以遂其學問之功」。

此外如《中和堂記》將「中和」這一玄奧難解的話題說得形象、淺易，絕無鉤棘艱澀之病。《停雲軒記》寫盡人生感觸，人情物態，觸物感懷，寄託幽遠，而字字不離雲，是一篇「無跡」文字。《自有樂地記》寫兩種樂地：境與物之樂不得常有，而情志之樂他人不能奪，具啟發和勸世意義。《蘭友記》、《菊隱記》、《竹齋記》皆以物喻人，讚揚了持真守節的高尚品行，富有文采。

傅若金（1304-1343），新喻（今新餘）人，初字汝礪，揭傒斯為之改字與「礪」。受業范梈之門。「以布衣至京師，數日之間，詞章傳誦，名勝之士莫不倒屣而迎以為上客」（《傅廣文若金》，庶起士顧嗣立編《元詩選》二集卷十）虞集見其詩文稱讚不已，以異材薦之，佐使安南，歸授廣州文學教授。有《傅與礪詩文集》。揭傒斯認為他的詩歌「風格不殊，神情俱詣，如複見范德機也」（同上），而其文則富有情致。揭傒斯評價「為學有本末，為文章有規矩，至於歌詩，蓋無入而不自得焉，其高出魏晉，下猶不失於唐」（《揭文安公送行序》，《傅與礪詩文集附錄》），如《梅江記》：

鄱為邑，居群山之阿，山多石，鮮平地，崖峭壁竦，上絕天半。水泉之發，間關出石下，鬱流千折，然後稍趨平焉。其山川清氣之會，涵異蓄靈，於江宜盛。凡物之泄，其

芳潤萃，其菁華不為佳木奇卉，必為秀民。鄮治之南有梅江，邑士張世傑嘗居其涘久之，因取以自號。夫名者，實之所生也。江有梅，地氣所宜。昔人名江亦必取其所宜木矣，而今者實不見斯物焉。此其芳潤之積，菁華之蘊，意者不在於梅而在世傑矣。又何必生佳木奇卉而後為江之秀異哉！然吾聞江之為德，會流大者其潤必廣，為浸小者其溉亦狹。士患不志其大者焉；苟志之，勺水之生可以為河海，寸雲之出可以雨天下。世傑亦大其淳滀而勿拘於細流，吾見由是江而導之，沛乎汪洋，浩乎演迤，所至惡可涯涘哉！

文章措辭簡要而精當，先描繪梅江秀美的風景以及張世傑以其為號的由來，進而導引出論說人的胸懷志向，「士患不志其大者焉；苟志之，勺水之生，可以為河海，寸雲之出，可以雨天下」，既富情韻又兼有理趣，可見《四庫全書》中的評價不虛：「而文亦和平雅正，無棘吻螫舌之音，雖不能雄視詞壇，然亦可以劘諸家之壘矣。」（《傅與礪詩文集》提要）

危素（1303-1372，一說1303-1372），字太樸，號雲林，金溪人。早年遊學於吳澄等門下，為師友之名，名震江南。至正元年（1341），因薦任經筵檢討。累官至禮部尚書，翰林學士承旨修國史，對宋、遼、金三史修撰起了較大作用。後降明，受翰林侍講學士，謫居和州以終。著有詩集《雲林集》，文集《說學齋稿》。

危素博學，善古文詞。其詩歌創作在元末地位較高，影響較大。他的詩氣格雄偉，風骨遒勁。他的散文在元代後期可稱大

家，著有《說學齋稿》四卷。《四庫提要》中稱「素晚節不終，為世謬笑。其人本不足稱，而文章則歐、虞、黃、柳之後，屹為大宗。戀竑（清人）跋稱其文『演迤澄泓，視之若平易，而實不可幾及。非熙甫（歸有光）莫知其深』，其珍重鈔傳，蓋非漫然矣」。指出由於危素晚年降明，其人不為世所重。但他的散文成就是不可抹殺的，足可與歐陽脩、黃庭堅、柳宗元相媲美。同樣，清人汪由敦也高度評價「其文雄渾博大，前遜虞、歐，後劣王、宋，而醇雅清婉， 處亦諸公所少，南宋冗蔓之習洗刷殆盡」（《跋危太僕文集》，《松泉集》《文集》卷十五）。都指出危素論文理明辭達、文約事豐的特點。

如《送道士李九成序》（《說學齋稿》卷四）：

　　余未弱冠，讀書於貴溪盧氏之館。時盧尊師自閑處玉清道館，每休暇，輒過其室，尊師為之陳豆觴，從容竟日而退，則與其徒嬉游茂林修竹之間，彈琴炳香，翛然不知世慮之牽人也。後數年，再過之，尊師已仙去。徘徊久之，乃行。及客京師，驅馳塵土，以求升鬥之祿。每讀劉原戴先生所著《拂雲樓記》，思玉清之勝，茫乎若弱水之不可度矣。李君九成，尊師之弟子也，與餘別幾三十年，相見於輦下，其齒後於餘，握手道舊故，驚其鬚髮亦變，餘於是寖尋將老，問向時遊從諸子，則多物故，吾視人世為何如哉？昔者向子平、宗少文，志在山水之間以自娛適，好爵不足以縻之。余之不肖，竊尚友其人於千載之上，苟得乞身以去，名山大川可以遊目而騁懷。一日複尋舊遊之跡，於玉清之館，

期與君踐斯言於他日，未為庚寅晚也。

文章描寫與道士李九成的相逢，兩人淡淡的相遇，再淡淡的分開，作者表面是為送別而作，實則重在寫心，寫那種與景物融而為一、對人生了悟明徹的心境。他無意於模山範水，也不在乎什麼似與不似，只是寫出他自己胸中的一片天地，表達對凡塵俗世的厭惡，以及對名山大川的嚮往。文筆極淡，卻淡而有味，如陶淵明「質而實綺，臞而實腴」。再如《黎省之詩序》，文章不過百字，通過讚揚黎省之的詩歌創作，表達作者對元朝統治者高壓政策的不滿。

另一篇《昭先小錄序》，則沉重得多。文章以確鑿的史實，詳細具體地敘述了宋末常州保衛戰從開始到失敗的全過程，肯定了保家衛國、浴血奮戰、不怕犧牲的英烈。如尹玉「力戰，手殺七八十人。全軍隔岸，不發一矢。華軍渡水挽船，全斷挽者指，於是多溺死者。尹玉戰死」；如朱華「大兵薄華軍，華力戰，自辰至未，華軍死於水者不可計」，如麻士龍「死之」。也鞭撻了賣國投降、貽誤戰機、臨陣逃脫的敗類如「　全、謝雲、胡遇、玉先遁」之流。揭露了元軍屠城的罪惡，「謂常之天慶觀道士，收城內外積骸萬數，至不可計，井池溝塹，無不充滿，僅餘婦女嬰兒四百而已。大軍入江南，屠戮未有如此者」。歌頌了常州市民及各界人士群眾性的自覺的愛國精神、犧牲精神。既肯定了亡宋對殉難人士的褒恤，也肯定了元朝表彰前朝忠烈的「至公」。文章同時還敘述陳炤被記入《宋史》的經過，稱讚了陳炤後人為昭先所作的不懈努力，也肯定了史官堅持以歷史記載為根據的審

慎態度。

　　文章尤長於鋪敘，內容豐富，涉及的人物、事件很多，結構卻非常嚴密，措辭也十分得體，語句精煉而平易，有史家之文的風範。諸多細節也栩栩如生，王安節殉難前，「安節善用雙刀，率死士數人巷戰，及左股斷，猶手殺數十人。大兵脅之降，安節大詬曰：『汝不知守合州王節使耶？乃吾父也，吾豈為降將軍辱吾先人！』遂死之。」何等豪壯；陳炤殉難前，「公調兵巷戰，敗歸，坐聽事。左右牽馬，請由小東門出。公曰：『去此一步，非死所矣！』日中，兵至堂上，慷慨不屈，死於所居之位。」何等從容；不知名的壯士，「是時，淮軍死鬥人，殺數人乃死。有婦人重傷，伏積屍下，見淮軍六人，為大兵所逐。六人反背相拄，且前且鬥，殺數十百人乃斃。」讓人動容，等等不一而足。尤其，在文章結尾說：

　　　　公家本寒素，既祿食，歲連稔，頗多積粟。鄉人之乏食者，以衣來質，即以粟與之，頻歲不贖之衣甚多。是歲，又盛釀酒。九月十有三日，公生之日，應黿自無錫以數舟載衣及酒，盡裝以入城稱壽，因犒軍士。畢，公曰：「吾必死此，吾宗不可無後，汝歸守墳墓，毋複來。」泣別而出。故應黿既請援督府。又傾家募士。以補散亡、革命之後，杜門不出，命子協購求公遺文錄藏之，衣冠不改，終其身焉。顯曾之生，協稟命其父以制名字，以景忠訓之曰：「顯曾者，欲汝顯其曾祖也；景忠者，欲汝景慕曾祖之忠烈也。汝其識之！」及病革，遺言曰：「汝毋忘重闈之養及名字之命！」

顯曾泣曰：「不敢。」已而目不瞑。顯曾泣曰：「不敢忘遺訓也。」乃瞑。時顯曾年方十六。故顯曾克篤孝誠，久而弗懈。餘讀其昭先之錄，亦必為之廢書而感泣也。（《說學齋稿》卷三）

敘述陳炤對鄉鄰的慷慨大方以及對死亡早有預料、置之度外的從容與淡定。特別是兒子陳應寵臨終遺願，尤為傳神，讓人感動。正如文中所言：「天地有大經，亙萬世而不泯者，忠義是也。」

第四篇──

明代江西古文

緒論

元明易代，江西古文進入了一個比較複雜的發展時期。這種複雜性表現為兩個方面：一是明代文壇各種文學思潮，在江西文人的創作中幾乎都有反映；二是文壇上人才輩出，作家人數之多堪稱空前，而總體成就卻明顯低於兩宋，顯示出日漸衰弱的徵兆。

散文的發展與明代文學思潮變化的關係十分密切。在明前期散文回歸正統的過程中，江西作家的散文創作便出現了與整個文壇相一致的趨向，如胡儼近虞集，詹同、徐素、李時勉近宋濂。而實際上，虞集、宋濂都是取法歐陽脩、曾鞏的。與他們同時代的梁潛則直接取法韓愈和蘇軾。這種傾向到明代中葉也沒有太大改變，這大概和江西在宋代所取得的巨大散文成就有關。明中葉「前後七子」宣導「文必秦漢」，江西散文作家如羅玘、符遂、夏良勝、何喬新都沒有受到太大影響，他們或者取法韓愈，或者規模歐、曾，大致都不出唐宋古文的範疇，在文壇上與當時的唐宋派作家遙相呼應。

明代又是學術思想發生重大變動的時期，王陽明繼承陸九淵的心學，又借鑒禪宗的思維方式，提出了完整而系統的心學理論。王門著名弟子中便有江西的羅洪先、羅大紘、羅汝芳，號稱「王門三羅」。由左派王學導致的明中葉的思想解放運動，給文壇造成強大的衝擊力，散文領域崛起了著名的公安派。這股思潮同樣影響及於江西作家，其中如羅洪先、祝世祿、湯顯祖便都近於公安派的主張，而且羅洪先、何廷仁等還更類似於王陽明的風

格。但可惜這一流派對江西的影響並不太大，隨著整個社會思潮的演變，江西散文很快恢復了它的正統古文的傳統，明末出現的豫章社作家如陳際泰、羅萬藻、章世純、艾南英等，便都宗奉唐宋派作家歸有光，他們的散文也都顯示出與唐宋古文相同的面目與特點。所以，明代江西散文作家基本上是繼承著宋元先賢的事業，顯得模仿的因素多，而創新的精神少。先輩們積累的豐富經驗，反而變為了沉重的歷史負荷，潛在地束縛著散文的發展，影響著江西散文的成就。

明代江西還出現了一位被後人稱之為「東方莎士比亞」的偉大戲曲家湯顯祖。他除了光輝燦爛的「臨川四夢」外，也創作了大量優秀的古文，同樣再三強調人的情感需要和個性解放，肯定人的審美欲求，這正是對程朱理學無視情感欲望的有力反撥，是對統治階級所設置的重重枷鎖的掙脫與釋放。

明代前期散文

第一節 ▶ 臺閣體代表楊士奇的古文創作

楊士奇（1365-1444），名寓，以字行，泰和人。自幼孤貧，發奮努力。建文初以史才被薦入朝，入翰林，充編纂官。永樂初入內閣，歷事永樂、洪熙、宣德、正統四朝，居官四十餘年，累官禮部侍郎兼華蓋殿大學士、兵部尚書、少傅、少師等職。宣德時（1426-1435），與楊榮、楊溥同為執政，號稱「三楊」，有「賢相」之譽。卒贈太師，謚文貞。《明史》卷一百四十八稱士奇「廉能冠天下，為世名臣云」。著有《東里集》，包括文集二十五卷，別集三卷，詩集三卷，續集六十二卷等。

明永樂至正統時期的政壇和文壇皆以三楊為首，三楊之中，楊士奇居官時間最久，名聲最著，影響也最大。與三楊同時之人及後人評價三楊，皆以楊士奇為首，尤重士奇之文學。與楊士奇同時的臺閣大臣胡廣說：「士奇文學勝，且簡靜，無勢利心」（《聖諭錄上》，《東里別集》卷二）。李東陽稱：「永樂以後至於正統，楊文貞公實主文柄。鄉郡之彥，每以屬諸先生。文貞之文亦所自擇，世服其精」（《呆齋先生文集序》，《明文海》卷二百三十五）。《四庫全書總目》卷一百六十九《東里集》總目稱：

「明初三楊並稱，而士奇文筆特優，制誥碑版，多出其手。仁宗雅好歐陽脩之文，士奇文亦平正紆餘，得其彷佛，可稱春容典雅之音，當時館閣著作，遂沿為流派。」楊士奇以閣臣之尊主盟文壇，其詩文創作自具特色，頗獲時譽，影響了一代文學的創作，對臺閣體文風的形成起到了重要作用。

以楊士奇為主的臺閣體的流行有很多方面的原因，首先與作家的生活遭際有關。這些館閣重臣身居要職，處境優越，容易產生歌功頌德、美化生活的創作意向。同時，相對封閉與狹窄的上層官僚生活，限制了臺閣體作家的生活視野，導致作品內容的單一與貧乏；其次，永樂以來，明王朝經過初期整體調治，政權相對穩定，國力漸趨強盛，社會呈現出比較安定繁榮的局面，給臺閣體營造了一種創作的氛圍。另外，朱明王朝在建立初期，開始全面實行整飭措施，其中包括對文人加強政治上的鉗制。到了永樂年間，明初統治集團所實行的高壓政策繼續發揮著威力，限制士人思想自由。同時，也加強了對文人士大夫的迫害，這些潛伏在社會安定興盛背後的壓力，多多少少對文人起著震懾的作用，使他們不敢去正視和表現廣闊的社會現實，抒發個人的思想激情，身處高位的臺閣體也不例外。

楊士奇之文，多為應用之文，應酬之作，如明嘉靖本《東里文集》二十三卷，序跋碑銘之類就有二十卷之多，傳記之類的文章僅占三卷，幾乎全是應用類文字。正統五年（1440），黃淮為楊士奇的《東里文集》作序，稱士奇「歷事四聖熙洽之朝，凡大議論大製作出公居多。肆其餘力，旁及應世之文，率皆關乎世教。吐辭賦詠，沖澹和平，渢渢乎大雅之音，其可謂雄傑俊偉者

矣」（《東里文集》原序）。黃淮與楊士奇同為臺閣大臣，共事多年，相知頗深，其稱士奇之文多為朝廷製作與應世之文，其內容多關乎世教，其風格為沖澹和平，典雅雍容，這也是臺閣體的一個顯著特點：以實用為原則，以裨補教化為目的，雅正典則，不務辭彩。楊士奇為文，以載道為己任，大多頌朝廷之功，歌國家之盛，稱君子之德，內容雖平庸而乏新意，文風則典則正大，適合朝廷之用。其作文之法與行文之風追蹤歐陽脩，平實質樸，纖徐委曲，別具一格，在當時頗負盛名。

　　楊士奇的文章雖然以載道闡理、宣揚道德教化為主，但其論道主於修齊治平，述理而不拘於理，思想有其開通靈活的一面。僅舉一例，可見一斑：江陰朱熊惟是一個孝子，其母病重，朱割股肉煮湯為母醫病，據說治好了母親的病，鄉黨稱讚其孝行。翰林陳嗣初題其堂曰「崇孝堂」，並請楊士奇為之作序。士奇對朱熊惟的這種自殘肢體的行為並不欣賞，但礙於情面又不能推辭，所以在《崇孝堂序》中他這樣委婉地表達了自己的看法，「夫刲股在吾儒有不足焉者。蓋謂聖人之教所未有，且慮至於殘毀而傷生也。夫殘毀而傷生，宜見黜於名教。……然而君子之孝非止乎是也。……君子之道，務其遠者大者。」士奇含蓄地指出朱熊惟的行為並不符合名教，傷殘肢體以追求孝的名聲並不值得推崇。士奇認為君子之道在於追求大者遠者，所謂大者遠者指有關修齊治平方面的人格修養與目標，並勉勵朱熊惟追求遠大的目標。可見士奇思想之開通，具有大家氣象，他尊崇儒道，但並不是一個腐儒。比較後來的臺閣大臣丘濬在其戲曲《五倫全備記》中讚美施淑清、施淑秀割肝刲股為婆婆治病的行為，顯然楊士奇的思想

要開通得多，難怪王世貞推崇楊士奇的文章，而批評丘濬之作為
「元老大儒」的「不免腐爛」之作。

楊士奇的文章以遊記、傳記為優，如《翠筠樓記》（《東里
集》文集卷一）：

> 屬春景融霽，秋氣澄澈，八窗洞辟，天氣徐來，鬱乎如
> 青雲，泛乎若蒼雪。俯而觀之，浩浩如翠濤搖盪於履舄之
> 下；坐而聽之，邕邕如金石和鳴於几席之外。至若涼月之
> 夕，揚鳳羽之蹁躚；冰雪之晨，挺琅玕而獨秀，皆樓中佳趣
> 也。閒暇而登焉，蓋使人襟抱清曠，萬慮不侵，超然如出人
> 境而立乎埃氛之表者。

在作者筆下，翠筠樓處於翠竹環繞之中，一年四季，清爽宜
人，猶如世外桃源，使人萬慮澄澈，超然物外，心生嚮往。那麼
處在如此清幽環境中的主人又是什麼樣子呢？

> 同倫其有離俗之資者哉！夫高臺廣榭，嘉木森布，葩花
> 之爛然，香氣之芬馥，管弦歌舞日相聚而歡宴淋漓，此豪侈
> 者所尚而世俗之所趨也。其固自恃以樂矣。然往往朝榮而夕
> 悴，不能少待於斯須之頃。其視斯樓，雖四時寒暑涼燠之不
> 齊，而皆有以樂焉者，又豈獨清濁之相遠哉，同倫殆有異乎
> 眾人之所尚者歟！

果不其然，翠筠樓的主人羅同倫瀟灑脫俗，有異乎常人的高

尚追求，他否定了世俗所追求的豪奢享受。接下來，楊士奇讚美竹「夫竹，中虛外直，剛而自遂，柔而不撓，有蕭散靜幽之意，無華麗奇詭之觀。凌夏日以猶寒，傲嚴冬而愈勁」，簡直就是君子之德的化身。文章段段緊扣題意，既寫竹，也寫樓，更寫其主人，隨時照應，自然混成，文筆也相當漂亮。

再如《遊東山記》，記述了洪武二十八年（1395）與蔣隱溪、蔣立恭等游武昌江夏東山的經過。行文以遊山的時間為序，寫遊山的所見、所聞、所樂，將寫景、寫人、敘事、抒情融為一體，敘述委婉曲折，語言清新簡約。如其寫眾人在東山飲酒觀魚的場景：

> 李（千戶）出琵琶彈數曲，立恭折竹，窾而吹之，作洞簫聲，隱溪歌費無隱《蘇武慢》，道士起舞翩躚，兩童子拍手跳躍隨其後。⋯⋯餘與立恭飲少皆醉。起緣澗觀魚，大者三四寸，小者如指。餘糝餅餌投之，翕然聚，已而往來相忘也。立恭戲以小石擲之，輒盡散不復。因共慨歎海鷗之事，各賦七言絕詩一首。（《東里集》文集卷一）

寫人情，摹物態，寥寥數語卻生動有致，對人生的感悟慨歎寓於其中，景中有情。士奇之文雖多根於理，然在具體行文之中則時能突破道德思維的束縛，以具體生動的描寫展現特殊的情致，抒發人生的感悟。但其為臺閣體代表作家，也不免有歌頌升平之作。例如《龍潭十景序》：

我國家龍興，削平僭亂，以安天下，而然後天下之人皆得休養生息，以樂於泰和之世。而實始定鼎乎是，則於今瞻望橋陵於鐘山五雲之表，而仰惟神功聖德，如天地之盛大，豈獨余與用文者之不忘，凡天下之人孰能一日而忘也？則餘於序此詩，安得不推其大而不能忘者言之哉？謹書其卷後。永樂壬寅十月朔序。（《東里集》文集卷八）

這樣的文章，與宋濂的《閱江樓記》命意措辭都十分相似，讓世人謹記皇上龍恩。蓋身居館閣，氣體略同，都是盛世之文的典型。

士奇的碑銘文多是應人之請而作，因缺少真情實感，難有創意，也難以避免諛墓之作，大多缺乏個性。但為自己所熟知的親友所作的碑銘文，則能流露真情，顯出個性，如其為同鄉兼同事的胡廣、解縉兩人所寫的碑銘，就能寫出各自的性格，流露出作者的真情實感。士奇與胡廣在臺閣共事十七年，關係密切，兩人曾約定退休後歸隱田園，在世者為先故者撰寫碑銘。在《故文淵閣大學士兼左春坊大學士贈榮祿大夫少師禮部尚書謚文穆胡公神道碑銘》中，士奇歷數胡廣的家世、政績、為人，結尾則情不自禁地寫道：「公與士奇同郡同官，知契最深，未卒前二年，有後死則銘之約。既卒，其孤又奉臨終之命，索文刻墓石。嗚呼！士奇先公生五年，豈謂竟銘公墓哉！」（《東里集》文集卷十二）楊士奇大胡廣五歲，可是最後沒有想到的是竟是長者為少者寫墓誌銘，傷痛之情溢於言表。解縉為明初才子，曾受到朱元璋的賞識，但因性格梗直且直言無忌，受到漢王高煦的讒害，在永樂年

間冤死獄中。憚於皇權的淫威，士奇對解縉之死是心知其冤而不敢言，直到二十餘年後，才為解縉寫了《前朝列大夫交址布政司右參議解公墓碣銘》，文章開頭直抒胸臆：「嗚呼！此解公大紳之墓，葬二十有二年矣，其友楊士奇始克序而銘之。」悔恨之情，難言之隱，委婉道出，具有一種特殊的感人力量。文中突出描寫瞭解縉卓越的政治見解、正直的人格、不畏權奸的行為、超人的文學才華，字裡行間流露出對解縉的推崇與愛戴、對解縉冤死的同情。在文章的結尾，士奇沉痛寫道：「太宗皇帝初召翰林七人入內閣，其三出廬陵，公與胡光大及士奇也。三人相與厚而相知深，今獨士奇在。胡公墓上之石，士奇書之。公墓石未有書，其可不書。」（《東里集》文集卷十七）故人已矣而自身獨存，「今獨士奇在」五個字淡淡道出，但讀者還是能明瞭其中難以言說的孤獨之感與懷念之情。

另外，楊士奇的一些書信雜文，同樣極富真情實感。尤其是寫給子侄的家書，最見情愫。例如《示鷂侄書》

　　歲前兩得汝信，知吾家消息；又聞汝兄弟頻頻過家中照顧燔病；足見親愛之厚，甚感，甚感！只是稷子不才，不肯交好人，惟務外飾不學，陷為不肖子。汝與弼都無一語教戒之，此卻不見親厚之意。今後切望嚴督之，為囑。聞汝父七月以來多病，今已向安，甚慰吾之懷想。汝兄弟善奉養，不可頻作非理之事以激惱老懷。吾秋間必歸展省，今錄誥命，先付汝觀之。

　　吾仕京師三十年，未嘗四首敢萌一毫分外之心，為一毫

分外之事，人所共知。汝兄弟豈有不知者？近年鄉里有一樣
害民小人，為御史、布政司、按察司、府縣之官所治，又有
一等貪利之人，假我之名為他解釋，稱是我親戚、是我學生
之類，多者得數十兩，少者得十數兩。此樣人今有死者，亦
有罷官，亦有尚在而不悛者。天地神明鑒臨在上，如此攫
財，豈能長遠受用？今朝廷遣內官遣大臣來江西，專為掃除
奸弊以安良民。聖旨甚嚴，吾家當謹守法度，不可學俗人粗
心大膽，仍前謁見上官，為人求解，以苟微利。切戒，切
戒！料爾兄弟平日所為，未必盡善，今幸得免無事足矣，切
不可聽人鼓誘，又去管事。雖至親有事，亦不可管。汝若不
從吾言，必累身家，必累父母，為禍不輕，切戒切戒！我已
有說矣，但有人假我名鮮事者，必奏知。汝兄弟切勿墮此陷
阱也。吾為保宗族之故，特書此示汝，切不可示人也。(《東
里集》續集卷五十一)

　　這是一封寫給子侄而不可「示人」的家書，拳拳切切，甚至
有些囉嗦，所叮囑的無非是些家常小事，要照顧好老人，要教育
兄弟，不要聽人鼓誘，等等，在我們面前呈現的是一位家常的老
人，而不是官職如此之高的楊士奇。並且他自謂做官三十年，曾
無「一毫分外之心，為一毫分外之事」，為人如此，似非自譽，
大概是可信的。這樣的文章，在歷代父兄告誡子弟的家書中，也
是比較真率的。世人只見楊士奇的臺閣文字，而不讀這樣的肺腑
之言，則評論他的為人和為文，不免片面。

　　楊士奇臨終之前，還有《家訓‧示長新婦》(《東里集》續

集卷五十三），也不可不讀，其言曰：

> 我今年七十有九，只為穉不孝，違背父訓，專交小人，作惡犯法，今得死罪，致我受氣成病，漸至危殆，亦不過年歲間必死，理無疑也。汝，吾家長婦，今家中之事，一一付九事爾掌管，一家大小長幼，皆付託汝。汝須每事盡心，今遣導歸，發落數事，可皆遵依行之勿違。切不可聽信小人之言，有所改易。切記切記！

這是將死之言，尤見肺肝。這樣的筆墨，在歷代的「遺令」、「家訓」一類文字中，也是頗有特點的一篇。楊士奇一生所撰的「大議論」，「大製作」，自然都是「大雅之音」，但是最富真情實感之作，還是這類家人父子之言。這類文章說明，有真情，有至情才會有真文章，好文章。

楊士奇的文章學步歐陽脩，文風嚴謹有法，紆徐委婉，平正質樸，於平易簡淡中見章法。如其《贈曾士榮序》（《東里集》文集卷三）是一篇三百字左右的短文，曾士榮因經義考試不過關而被黜為吏，前去與士奇告別，士奇寫此序為之送行。開首云：「古人論士，先德行而後文藝，後世重文藝，故士有敦行寡文者，或屏棄不錄。」以今人論士與古人不同，為曾士榮被黜張本，為之鳴不平。次寫曾士榮的德行高尚，「忠信重於鄉」，人皆為其被黜而惋惜。最後勉勵曾士榮：「子根儒以治吏，理核而務通，功立而譽顯，將不由吏以探重祿躋高爵乎？往哉士榮！方今聖明更化，率古論士，以子之行，將必有能知，必有能言者

矣。吏果不足以辱子也，遂書以壯其行」。勉勵再三，情殷意切。全文文理細密，敘述委婉，樸實無華，勸說得體。

再如《東耕記》，文章寫是一位吳淞江邊的富裕農民，名叫東耕子。先記敘其人表現：「其為人質實，無聲色之娛，惟勤稽事。歲東作既興，每旦率子弟載耒耜畚鍤往治播種，暮乃息。或日中躬任餉餽。有餘暇而天日融霽， 杖行塍間，察視所不及。迨夏耘，其勤如之。秋獲，勤亦如之。計其歲中三時之日，率什六七在田，歲以為常。」如此勤於勞作的人，尤為難得的是思想境界也很高，有關心他的人對他表示不理解時，認為他完全可以過上安逸的生活，沒有必要如此辛苦。他的回答是：「凡吾民得安乎田裡，足乎衣食，無強淩眾暴之虞，而有仰事俯育之樂者，上之賜也。吾既無以報大德，又不盡力於，此何以為人乎？」認為自己這種勤勞致富、安居樂業的生活完全是出於皇上的恩賜，因此，結尾作者論述到：

　　世之人蓋有非其力不食者矣，如惓惓於君上之大德，不敢忽忘，非知本者能之乎？誠使世之為民者，其所存皆然，俗化可厚，而刑罰可以無用也。

這樣「知本」的人，一直懇切的不敢忘記皇上的恩德，可以使風俗教化達到醇厚的境界，各種刑罰也可以廢棄不用，應該奉為民之楷模，予以大力提倡。終其全文，主旨在於宣揚「東耕子」這樣的順民，「使世之為民者」都能如此，為君上者真可以安享太平之樂了。文章自然得體，要言不繁，行文平實簡潔，次

序井然，不枝不蔓，「有關於世教」，是典型的臺閣文風。《四庫全書總目提要》的作者稱士奇的文章「平正紆餘」，鄭瑗《井觀瑣言》卷一稱「楊東里文典則，無浮泛之病，雜錄敘事，極平穩不費力」，此類文章足以當之。

楊士奇以閣臣之尊、文學之優、文風之正，執永樂至正統間文壇之牛耳，成為臺閣體的代表，他的文風也成為臺閣文風的典範而被人效法，一時風雲際會，一呼百應，影響廣泛，促進了臺閣文風的形成。李東陽稱「永樂以後至於正統，楊文貞公實主文柄」（《呆齋先生文集序》，《明文海》卷二百三十五）。王世貞稱楊士奇之文：「楊尚法，源出歐陽氏，以簡澹和易為主，而乏充拓之功，至今貴之，曰『臺閣體』」（《弇州四部稿》卷一百四十八）。《四庫全書總目提要》評士奇：「若就其所作論之，實能不失古格者，其轉移一代之風氣，非偶然也」。李夢陽還作詩評價：「宣德文體多渾淪，偉哉東里廊廟珍」（《東里集》總目），無一不將楊士奇的詩文創作視為臺閣體的典範，肯定楊士奇的文學創作對臺閣文風形成所起的主導作用。可是三楊去世後，臺閣體弊端百出，「冗膚廓，幾於萬喙一音」（《倪文僖集》提要），受到後人的詬病，楊士奇等主文柄者雖不能辭其咎，但其末流模擬淺薄，缺乏新創，則要承擔主要責任。《東里集》總目就很公正地評價說：「而言其後效尤既久，或病其漸入於膚庸，然亦不善學者索貌遺神之過。」這都是不善學習的末流只學皮毛、不求精神的過錯。《四庫全書總目》卷一七《文敏集》提要中的評語也很中肯：「實平心而論，凡文章之力足以轉移一世者，其始也必能自成一家，其久也亦無不生弊，微獨東里一派，即前後七子

亦孰不皆然。不可以前人之盛並回護後來之衰，亦不可以後來之衰並掩沒前人之盛也。亦何容以末流放失，遽病士奇與榮哉！」

第二節 ▶ 才子解縉

解縉（1369-1415）字大紳，又字縉紳，吉水人。洪武戊辰進士，永樂初官至翰林學士兼右春坊大學士，參預軍國大事。因立太子事為漢王高煦所陷，下獄死。解縉一生業績最足稱道的，就是他首先提議並親自主持《永樂大典》的編纂工作。他的著作有《白雲稿》、《東山集》、《太平奏疏》等，但均散佚，現在留存下來的有《文毅集》十六卷。

解縉是明代初年的著名文人，以才學名冠一世，死後被人們視為才子的典型而津津樂道，在他死後，有關他的種種機智故事在社會上廣泛流傳，至今而不衰。《四庫全書總目提要》為解縉《文毅集》所寫的提要中說：「縉才氣放逸，下筆不能自休，當時有才子之目。迄今委巷流傳其少年夙慧諸事，率多鄙誕不經。故李東陽《懷麓堂詩話》謂其詩無全稿，真偽相半。蓋出於後人竄亂者為多，然其中佳句間存，亦複不減作者。」人們喜愛解縉，不斷地編造著有關他的故事，竄改著他的詩，這也從一個側面說明他的影響之大。

楊士奇撰《前朝列大夫交阯布政司右參議解公墓碣銘》，對其為人為文都有評論：「公仕前後不十歲，為庶起士再歲，御史未滿歲，為學士四歲。兩贊外藩，皆席未暖。……重義輕利，遇人憂患疾苦，輒隱於心，苟可用力，盡意為之。篤於故舊及名賢

世家之後，喜引拔士類，或誚其泛愛者，終不為變。襟宇闊略，不屑意細故。而表裡洞達絕岸崖，雖野夫稚子，皆樂親之，求文與書者輻輳，率與之，無厭倦意……不畏強禦。」這一段話對解縉作了相當全面的概括，特別是「不畏強禦」，使我們更能理解他被處死的命運。

解縉學博才高，任才使氣，率真坦誠，發而為文，就形成了其才氣縱橫、勁健奇兀、情真意切的風格。他的《大庖西封事》（《文毅集》卷一）雖是一篇奏疏，卻沒有一般奏疏枯燥呆板的弊病，而是有感而發，針對明初的弊政痛下針砭，寫得氣勢逼人，文采斐然。文章採取欲抑先揚的筆法，首先稱讚朱元璋的功績：

> 陛下聰明天亶，一統華夷，功高萬古，此放勳也。得國之正，皆非漢、唐、宋所及，真所謂：取天下於群盜，救生民於塗炭。命將出師，皆受成算，不假良、平，不倚信、布。徐定燕都，市不易肆。女寵、外戚、寺人、藩鎮之患，銷融底定，皆處之有法，朕兆不萌矣。不邇聲色，不為遊畋，既皆遠過於漢、宋，又何謙遜於唐，虞？

這是進諫之前例行稱頌之辭，但他列舉的事例，大半屬實，不全是套語。然後筆鋒陡轉，切入正題，直斥朱元璋實行嚴刑峻法的過失：

> 國初至今將二十載，無幾時無變之法，無一日無過之

人。陛下嘗教臣云：世不絕賢，豈億兆之人，果無一賢如古
之人，而盡皆不才者哉！陛下嘗教臣云：民不畏死，奈何以
死懼之。良由陛下誠信之有間，而用刑之太繁也，宜其好善
而善不顯，惡惡而惡日滋，善未必蒙福，而惡未必蒙禍也。
嘗聞陛下震怒，鋤根剪蔓，誅其奸逆矣，未聞詔書褒一大
善，賞延於世，復及其鄉，尊榮奉恩始終如一者也。或朝賞
而暮戮，或忽罪而忽赦，施不測之辱，則有之矣。誠以陛下
每多自悔之時，輒有無及之歎，是非私意使然也。

　　用這樣激烈的言辭：「或朝賞而暮戮，或忽罪而忽赦，施不
測之辱，」指責當朝皇帝的過錯，這不僅需要才華，更需要膽
識，實屬難能可貴。又云：

陛下進人不擇於賢否，授職不量於重輕，建不為君用之
法，所謂取之盡錙銖置朋奸倚法之條，所謂用之如泥沙。

　　這篇進諫之言，涉及很廣，但集中在立法用刑。朱元璋「雄
猜好殺」，立法甚嚴，用刑甚酷。故解縉進諫，以此為言。此
外，解縉對於朱元璋「愚弄天下」的舉動，也有批評，他說：

陛下天資至高，悉合於道。凡百家神怪誕妄恍惚，臣知
陛下洞燭之矣。然猶不免欲以愚弄天下若所謂以神道設教
者，臣謂不必然也。一統之輿圖已定矣，一時之人心已服
矣，一切之奸雄已懾矣；天無變災，民無患害，聖躬康寧，

聖子聖孫繼繼繩繩，所謂得真符者矣，何必興師以取寶為名、諭眾以神仙為征、謂有某仙某神孚佐國家者哉？

這是說，大勢已定，天下太平，沒有必要再搞「神道設教」。這樣的批評，雖然揭發了「愚弄天下」的伎倆，但語皆證實，情亦懇摯。朱元璋不以其直言定罪，也許因為其中曾有這樣的文字。

讀這樣鋒芒畢露的文章，很難相信是出自一個年僅二十歲的青年之手。類似的文章還有《太平十策》（《文毅集》卷一）「思當今之急，務王政之大端，不過十事而已。一曰：參井田均田之法；二曰：兼封建郡縣之制；三曰：正官名；四曰：興禮樂；五曰：審輔導之官；六曰：新學校之政；七曰：省繁冗；八曰：薄稅斂；九曰：務農；十曰：講武。謹條陳以獻。名曰太平十策。惟陛下憫其愚忠，少加采覽焉」這哪像對皇帝說話戰戰兢兢的口吻，給皇帝提出十條建議，口氣堅決，你要如何如何做，不要如何如何做，條理十分清楚。換做今日，也會惹怒領導，更何況是暴躁的皇帝。

解縉勇於直言、更冒風險的文章，是《代王國用論韓國公冤事狀》（《文毅集》卷一），其文有云：

竊見太師李善長，與陛下同一心出萬死以得天下，為勳臣第一。生封公，死封王，男尚公主，親戚皆被寵榮，此人臣之分極矣，志願亦已足矣，天下之富貴無以復加矣。若謂其自圖不軌，尚未可知；而今謂其欲佐胡惟庸者，揆之事

理，大謬不然矣。人情之愛其子，必甚於愛其兄弟之子。安享萬全之富貴者，必不肯僥倖萬一之富貴，今善長於胡惟庸，則侄之親耳；於陛下，則子之親也。豈肯舍其子而從其侄哉？使善長佐胡惟庸，成事亦不過勳臣第一而已矣，太師國公封王而已矣，尚主納妃而已矣，豈複有加於今日之富貴者乎？且善長豈不知天命之不可幸求、取天下於百戰而艱危也哉？

胡惟庸一案，株連甚廣，功勳大臣，幾乎一網打盡。這是朱元璋的老謀深算，故意要殺戮功臣，極力強化君主獨裁，這本無道理可言。這裡為李善長申辯，所作的事實分析，雖然合於人情事理，而政治上猶如三歲小兒，幼稚無知。試看他最後一段文字：

如李善長今尚如此，臣恐四方之解體也，且臣至疏賤，非不知言出而禍必隨之，然恥立於聖明之朝而無諫諍之士。始者側聽私室，引耳朝端，意謂群臣豈無忠智、左右近侍必有為陛下言者，公卿大臣必有為陛下言者，台諫御史必有為陛下言者；而事冤未已，群臣杜口，竟無一人為陛下言者。臣所以忘其疏賤，冀陛下感悟，臣甘就鼎鑊，無所複恨矣。

左右近侍、公卿大臣、台諫御史，都不肯進諫，這就說明，這些人都比他老練世故，都比他有政治經驗。而他仍然進諫，自以為忠智，並「冀陛下感悟」，這不能不說是少不更事，入世猶

淺。當然，正是這樣的文章，才更能體現解縉為人為文的特點。

其它《論袁泰奸黠狀》等，也都是直言相告，不加修飾。人們常說文如其人，讀解縉的文章確實使人如見其人，覺得在他身上充盈著一派凜然正氣，洋溢著一股不羈的才華，令人肅然起敬。解縉的這類議論文大都是無所顧忌，直抒胸臆，不事雕琢，如長江大河，一瀉千里，寫得汪洋恣肆，氣勢充沛。

解縉初被貶謫，上書董倫《寄具川董倫書》（《文毅集》卷十五），也是很有特點的。其中云：

> 違遠誨言，薦將十稔，天涯闊異，感念奚云？縉率易狂愚，動遭謗毀，無所避忌，數上封事萬言，……又嘗為王國用草諫書言韓國公事，為詹徽所嫉，欲中以危法。又為文劾袁泰。泰銜恨至深，見嘗切齒，但以不為屈膝之故，竟致排誣，累跡深文之語，皆非律令所該。伏蒙聖恩，數對便殿，申之以慰諭，重之以鎰錫，許以十年著述，冠帶來廷。……薦將八載，賓天之訃忽聞，痛切之誠欲絕。向非先帝之明，縉亦無有今日。是以母喪在殯，未遑安厝；家君以九十之年，倚門望思，皆不暇戀。冀一瞻山陵，隕淚九土。何圖詿誤，蒙恩遠行。揚粵之人不堪寒苦，復多疾病，俯仰奔趨，與吏卒為伍，低徊服事，誠不堪忍。晝夜涕泣，恒懼有不測之憂。進不能盡忠於國，退不得盡孝於親，不忠不孝，負平生學問之心，抱萬古不窮之痛，為天下笑，為先生長者之羞。

　　書中所言，都是事實，自謂「率易狂愚」，似乎有所覺悟，陳情之語，危苦之辭，寫得相當真摯，並有「不測之憂」，似乎對自己的命運也有所先覺。

　　解縉雖「率易狂愚」，但他主要是無知，並非狂士。仁宗曾對楊士奇說：「人言縉狂，觀所論列，皆有定見，不狂也。」（《明史》卷一百四十七《解縉傳》）我們從前文也可以看出其所論證，皆有根據，並不是亂髮一氣。再從解縉自述為學看，於文講「六經之奧」，於道德稱「關、閩、濂、洛」（《送劉孝章歸廬陵序》，《文毅集》卷八），於讀書謂「方外異端之書不必讀，妄誕迂怪之書不必讀，駁雜之書不必讀，淫佚之書不可讀，刻薄之書不可讀」（《溪山讀書處記》，《文毅集》卷九），如此等等，其儒學正統思想是根深蒂固的。其雖然率性而為，仍為朱元璋所愛重，也不是無緣無故的。

　　解縉年少得志，才高識淺，故不能自免。他的《王孟揚太史虛舟集序》（《文毅集》卷七）亦可見其為人：

　　　　永樂初，勅修金匱石室之書，繼是複有《大典》之命，內外儒臣及四方韋布士集闕下者數千人。求其博洽幽明、洞貫古今、學博而思深如吾太史三山王君孟揚者，不一二見。孟揚之為人也，眼空四海，壁立千仞，視餘子瑣瑣者不啻臥之地下。以是名雖日彰，謗亦隨之。餘每擬薦以自代，不果。且孟揚視功名泊如，每有抗浮雲之志。期在息機，與物無競。故其集以「虛舟」名，亦可見其志焉。餘第其人品，當在蘇長公之列。文之奇偉灝瀚亦相類，至於詩，則追逐漢

唐，眉山見之，未必不擊節歎賞，思避灶而煬。此余之論孟揚者如是，他人未必知也。

孟揚在翰林越三年，不欲示其長於人，然一遇知己，與論古今成敗、人物賢否、政事得失、治道升降，則目如曙光，辨如懸河，真若超千古而立於獨者。孟揚固不欲專以文名也。越石父有言：士絀於不知己而伸於知己。余其有負於孟揚哉！予其有負於孟揚哉！

握手都門，出其集征餘言，遂敬書以複之。

這樣的文章，既是評論孟揚，也是評論自己。「眼空四海，壁立千仞，視餘子瑣瑣者不啻臥之地下」，眼光很高，覺得別人不過是凡夫俗子，無法與之比較。讀來令人莞爾，才子都是相似的。解縉為人，恐怕也是如此。因此之故，「名雖日彰，謗亦隨之」，這也是解縉的寫照。他稱孟揚之文「奇偉灝瀚」，他自己的文章也有此氣勢。

此外，解縉所作的一些傳記也寫得頗具特色，敘事簡潔，描摹生動，能用簡練形象的語言將所寫人物的性格特徵勾畫出來。如他的《太原王傳》（《文毅集》卷十一）寫的是解氏先祖被封為太原王的解元的生平事蹟，在為解元立傳時，解縉擺脫了一般人為祖上立傳時著重表彰其顯赫家世，讚頌其祖先的道德品行的陳套，主要選擇瞭解元勇立戰功的幾個生活片斷，揭示出傳主忠勇無畏的性格。傳記的開頭先用簡潔的幾筆描寫出解元的相貌、才能：「竦眉俊目，曙光玉立，神彩逼人。垂手過膝，能百步穿楊葉，號『小由基』。」接著寫解元跟隨韓世忠征戰，在戰場上

衝鋒陷陣的幾個場面。如寫解元在淮陽與賊軍作戰時的情景：

> 　　十年，略地淮陽。至劉伶莊，騎兵才數百，敵騎數千來
> 迎戰。元揮戈大呼，眾皆爭奮，敵遂披靡，後部駭懼。元躍
> 馬大呼曰：『解承宣今日以一騎臨陣，能戰者與我戰！』敵
> 聞之震慄。元因突入其陣大戰，自辰至午，馬足盡赤，敵眾
> 大敗。

　　這段文字純用白描的手法，對解元在戰場上的行為、語言加
以誇張渲染，生動地描畫出解元英勇無畏的高大形象。其文字的
傳奇性使我們產生讀演義小說的感覺，解元的形象很容易使我們
聯想起《三國演義》中大戰長阪坡的張飛。在撰寫人物傳記時，
解縉繼承發揚了司馬遷《史記》中人物傳記的筆法。楊士奇稱解
縉的文章「人率謂：縉狂士。縉非狂士，向所論，皆定見也。公
之文雄勁奇古，新意疊出，敘事高處，逼司馬子長、韓退之」
（《文毅集》附錄），確實道出瞭解縉文章的特色。如果用金聖歎
批《水滸傳》的語言來評價解縉這類文章的特點，可以稱之為
「才子筆法」。

　　他的另一篇《觀瀾軒圖記》也寫得不同凡人。這是題寫在畫
卷上的畫記文，因此篇幅不能很長，內容也不能局限於單純複述
畫面內容，但又不能完全脫離畫面內容，對寫作的要求很高。

> 　　天下之美觀未有過於水者。江河之浸，溪澗之流，方其
> 安行而無齟齬也，滔滔湧湧，貼然而莫測其際，恬然而莫知

其所至，寂然而莫聞其鳴聲。及其風與之爭，而水石與之鬥
也，則其聲發焉，如鼓雷霆震天地。其勢必下而歸移於東。
於此觀之，有似乎君子當無事之際，處常行之安，便焉或無
甚異也。及其臨大節而不可奪，當死難而不苟免，鏘鏗炳烺
震動天地，不二其操，與水之萬折必東何異哉！雖然此第觀
瀾之一端耳。若夫道體之妙，由其靜而有本，故能溥博而無
窮。其往者過，非有所逐也；其來者續，非有所迫也。可以
觀理之通而致誠之德焉。林平南有《觀瀾軒圖》一卷。為之
記於左。

文章的高妙，在於借題發議。沒有寫觀瀾軒被畫得如何美麗
壯觀，只是抓住《觀瀾軒圖》上的「水」來做文章，引導人們從
水的運動中去體會人生和宇宙的哲理。開篇描寫水在兩種不同環
境中的不同狀態，一為「恬然而莫知其所至，寂然而莫聞其鳴
聲」；一為「如鼓雷霆震天地」，正如君子在兩種不同遭際中的
不同表現，用以提倡「其臨大節而不可奪，當死難而不苟免」的
高尚情操。並進一步揭示了「水」所包含的深刻道理：它靜而有
本，無窮無盡；它後浪逐前浪，奔流不息，處處體現了順應自
然、勇往直前的精神。因此，欣賞水，可以從中體會事物的規
律，可以培養人們真誠坦然的品質。這是一篇水的讚歌，也是一
篇君子讚歌；它讚美了水的品格，也讚美了君子的風格。

《文毅集》附錄中提到解縉「詩豪宕豐贍，似李杜，其教學
者，恒曰：寧為有瑕玉，勿作無瑕石」，「寧為有瑕玉，莫作無
瑕石。」是解縉做人的準則，也是他為文做詩的標準，這說明他

追求的是個性的舒展、才情的發揮，而不是做人做詩的完美無缺。完美無缺有時恰恰意味著平庸或中庸。解縉不願意走平庸或中庸之道，所以就形成了他這種狂放不羈的特殊文風，使他的文學創作在明代初期的文壇上別具一格。

第三節 ▶ 三楊同輩之文

三楊同時或稍後，江西著名散文家還有金幼孜、王直、夏元吉、詹同等。

一、金幼孜

金幼孜（1368-1431），名善，以字行，新淦（今新幹縣）人。建文二年（1400）進士，授戶科給事中。明成祖即位，改翰林檢討。與解縉等同直文淵閣。遷侍講。宣德六年卒，年六十四。《明史》卷一四七有傳。著作有《金文靖集》。在《四庫全書》中對金幼孜的評價很高，「至永樂以訖宣德，皆掌文翰機密。與楊士奇諸人相亞，其文章邊幅稍狹，不及士奇諸人之博大，而雍容雅步，頗亦肩隨。」（《金文靖集》提要）

幼孜為人正直，《明史》記載臨終時「家人囑請身後恩，不聽，曰：『此君子所恥也！』」幼孜敢於直諫，據《明史》載，他隨宣宗巡邊，過雞鳴山，帝曰：「唐太宗恃其英武，征遼嘗過此山。」幼孜對曰：「太宗尋悔此役，故建憫忠閣。」帝曰：「此山崩於元順帝時，為元亡征。」對曰：「順帝亡國之主，雖山不崩，國亦必亡。」在文風備受鉗制的明初，他敢於如此進諫，實

屬難得。幼孜一生，仕途頗為順利，這與他性格「簡易靜 ， 裕有容」不無關係。他同樣具有明初文人小心謹慎、少談政治以避禍的特點。

幼孜歷仕三朝，皆為閣臣，亦臺閣之文的重要作者。其為世傳誦之文雖然不多，但在「臺閣體」中，卻多合作。首先是幾篇賦體之文，如《皇都大一統賦》（《金文靖集》卷六）：

洪惟天朝太祖高皇帝，誕膺景命，龍飛淮甸。既渡大江，遂都金陵，撫有區夏，肇造洪眷，以開萬世太平之業。逮我皇上，繼承大統，克紹丕圖，仁恩誕敷，聲教洋溢，雨暘應期，民物阜蕃，薄海內外，罔不率從。而自蒞阼以來，宵旰拳拳，惟思所以繼志述事，以承太祖高皇帝之意。於是仿古制肇，建兩京以為北京，實當天下之中，陰陽所和，寒暑弗爽，四方貢賦，道理適均。且沃壤千里，水有九河、滄溟之雄，山有太行、居庸之固。玉泉之流，經緯乎禁籞之中；碣石之壯，盤踞乎畿甸之內。故其山川之壯觀，風氣之清淑，真有以卓冠四方，為萬國之都會。誠帝王子孫萬萬世，太平悠久之基由是……永樂辛丑春正月朔旦，皇上御奉天殿，大朝海內文武群臣、四方蠻夷酋長，率皆在庭，踴躍鼓舞，以為皇都之奇麗。若此，誠曠古所未見而未有者，而所以為皇上萬壽之征、宗社磐石之固、聖子神孫寶祚綿延之慶，皆兆於此矣，何其盛哉！

全是歌頌皇帝大一統後帶來的太平氣象，典型的應制文筆，

文學價值不大。其它如《聖德瑞應賦》、《瑞應甘露賦》、《瑞應麒麟賦》、《師子賦》、《瑞象賦》，以及《瑞應騶虞頌》、《瑞應元兔頌》等，都有善歌善頌的特點，自不待言；其更突出的特點是在某些記敘之文當中，順口歌頌，發於自然。例如《贈進士蕭迪哲序》（《金文靖集》卷七）有云：

予昔為博士弟子員，有蕭奇迪哲嘗從予遊，銳敏勤篤，刻志於學，蓋駸駸乎其未已也。及予來京師十有二年，忽聞迪哲領鄉書來南宮會試，予躍然以喜，曰：「是必將取高第者也。」其年春二月，予受命典司文柄，不意迪哲竟遭黜落，遂入為國子監生。明年，聖天子巡幸北京。又二年，適當賓興賢能之秋，天下之士來會試者凡三千餘人，迪哲亦與計偕。予又躍然以喜，曰：「是行取科第也必矣。」及撤棘，中選者三百五十人，迪哲果占名第九。三月一日，上臨軒策試，予忝與讀卷，後三日臚傳，而迪哲又占名第二甲，賜進士出身。烏乎！迪哲亦可謂榮且盛矣。既釋褐，吏部請循例命諸進士試事於群有司，於是迪哲復得還南京。所與遊者皆賦詩為別，複求予言以自昂。

予謂國家之得人也為難，而用人也為尤難。得一才必養之於十數年之久，而後可以達於用。及其用之也，又必歷試之，使其諳練於政事，而後授之以任，其養之也甚厚，其望之也甚至。士生斯世，遭遇聖明，感恩寵之隆，則所以上報國家而自待之重也為當何如哉！

作為一篇送別贈序，不寫離情別緒，而宣講國家養士之厚、天子恩寵之隆，遭遇聖明，應該如何報答。文章寫得從容不迫，不大肆張揚，出語似不經意，不甚修飾，而實有斟酌。所謂「雍容雅步，頗亦肩隨」，這也正是臺閣之文的特色。

幼孜還有一篇《送王彥修僉憲四川序》（《金文靖集》卷七），也很有特色，其文曰：

> 國朝方面之職，有藩閫以蒞民政，有帥府以總軍，務而又設按察使以臨之。蓋其職專任風紀，激濁揚清，廉問得失，詢察民隱，凡一道之利病，無不得言之，其為任甚重也。皇上繼承大統，宵旰圖治，簡拔賢士，而於風憲之職，尤慎擇其人。蓋以其為朝廷耳目之司、生民休戚之所係，非有清廉孤直之操、疏通練達之才，不足以處之。永樂十二年冬十有二月，友人王君彥修以工科右給事擢四川按察司僉事，將行，凡所與遊者，皆相率賦詩以餞之，而俾予言弁諸首簡。
>
> 彥修由科目發身，列職禁近，日侍聖天子左右，閱歷庶務幾十餘年，習之久而聞之熟，一旦祗承寵命，任臬司之寄，其所以發於政而施於事者，譬猶駕輕車而馳康莊，吾固知其易易耳。

這也是一篇不寫離情別緒而只講國家政事的贈序。從「風憲之職」的重要，說到王彥修必能勝任此職，還不忘說到皇上的豐功偉業「繼承大統，宵旰圖治，簡拔賢士」，也寫得雍容閑易，

仿佛無意得之。但作者不僅僅寫到此處，又進一步，寫了下面一段文字：

雖然，按察之任，非他職可比，苟非其人，不失之疲懦，則流於寬縱；不失之矯激，則過於苛察。如是而能稱其職者蓋鮮矣。彥修之往也，毋訐訐以為能，毋察察以為明；必曰：冤滯之未伸，吾思所以平之；奸蠹之未清，吾思所以去之；風俗之未一，吾思所以齊之；民生之未遂，吾思所以蘇之；吏治之未舉，吾思所以糾之。揚憲軌而樹風聲，秉廉介而勵冰蘗，使人望而畏之，如烈日秋霜，孰敢易視而輕犯之哉？嗟夫，君子之仕也，非其位則不得於言，得其位或不足於言，皆世之所病也。彥修得言之位，當言之路，所以濟時行道以上報國家者，政在於斯；苟為得其位而有所不言，言之而有所不行，行之而害於政、病於民，此非予之所敢望于彥修也。彥修尚勉乎哉！

這不再是是一段泛泛而談、無意為之的文字，而是頗動聲氣，有意而為。與前一段平鋪直敘的文字不同。其告誡彥休：「勿訐訐以為能，勿察察以為明。」詞之嚴厲，如訓子弟。並且還有一大段排比：「冤滯之未伸，吾思所以平之；奸蠹之未清，吾思所以去之；風俗之未一，吾思所以齊之；民生之未遂，吾思所以蘇之；吏治之未舉，吾思所以糾之。」給彥休提出了任職的極高要求，都不是泛泛的文字。最後講「君子之仕」云云，都孕育了作者對彥休的殷切希望。幼孜晚年在一首《庚戌臘月十四夕

寫懷》詩中，對自己的生平作了這樣的剖白：「末學深慚忝禁林，空餘白髮伴丹心。平生事業知無補，坐對青燈感慨深。」也許，作者在政治上無法達到的成就希望後輩來完成。

幼孜之文，長於記敘，也善於描繪。《百鳥圖記》（《金文靖集》卷八）可以為例。其中有云：

百鳥圖者，宋宗室趙千里所畫，今長洲教諭周君岐鳳之所藏也。圖用絹素，從高不能逾尺，衡廣三尺，適與幾稱。

溪流淺渚，岸堤平曠，有古木數株，疏枝縞葉，颯然秋意。修篁蒼蔚，莎草微茫。淡煙翠靄，與波光搖盪，上下相映。若鷗鷺、鳧鷖、鴛鴦、鸂鶒、鴇、鷖鴻雁、鵁鵲……山雞野雀之屬，不能悉數。仰而顧者，俯而視者，飛者鳴者，行者棲者，飲而啄者，並而匹者，乘而居者，巨細不同，形狀各異。止於樹者五十有九，於竹者七，於棘者二，翔而未集者八，浮於波者六，游息於岸於洲者十有八。其羽毛爪嘴，自然之情態，纖悉不遺，巧奪天造。顧惟尺素之間而幽間平遠有以含不盡之景，而寓無窮之觀。吁，亦奇矣哉！而趙公之構思匠意，經營摹狀，良亦勞矣。蓋畫非難也，工為難；工非難也，得其趣為難。且禽鳥有形之物，最難似真。今此圖非惟能工而似真，又兼得物之趣焉，宜乎世之人寶而傳之，不啻拱璧之難得也。

雖然，畫一藝耳，能造其妙而使人愛慕寶藏至於如此，況於學聖賢之而造其極者乎？……

這張百鳥圖，似是工筆，幼孜之《記》，也極工細。這類文章最易流於表面，看似面面俱到，卻如流水帳一般讓人心生厭倦。而金幼孜從樹木到飛鳥，從動由靜，形態動止，刻畫入微，巨細不遺。可以說是一篇窮形盡狀的工筆劃記。「溪流淺渚，岸堤平曠，有古木數株，疏枝縞葉，颯然秋意。修篁蒼蔚，莎草微茫。淡煙翠靄，與波光搖盪，上下相映」幾句，四字一句，整齊劃一，文筆簡潔而傳神。

文章寫到最後，又從作畫「能造其妙」說到「學聖賢之道而造其極」，曲終奏雅，實屬多餘的文字。但也正是這樣的文字，才成其為臺閣之體。言雖多餘，卻也是出於自然的。

幼孜還有一些題跋，亦可概見臺閣之文的特色。《恭題仁廟御書後》（《金文靖集》卷十）可以為例：

仁宗皇帝居東宮時，尤重文學侍從之臣。凡賜賚洎有所陳請，必親為題識。當時被其眷禮者不數人，今有春坊庶子兼翰林侍讀學士王直，其一也。直永初科進士，由庶起士擢翰林修撰。器識文學，早已受知。前後膺賜者三，陳請者一，皆仁廟親御宸翰題識批答者。首則端午賜扇；次則以直目疾賜；次則直遭喪將歸，賜白金為道理費；又其一則直以父在職年老乞致仕、特敕吏部准所請，其上皆著直姓名，可謂極一時之顯者矣。直謹裝潢為卷，用彰寵貺，以貽不朽，俾幼孜識之。

伏惟永樂中太宗皇帝屢巡幸北京，仁廟實監國事，親賢納善，惟日不足，仁聲義聞，播於四海，凡直之得拜賜予

者，皆優禮賢士之盛典，非私之也。其允答陳請者，亦事理之當然，非過也。夫賜隆於上而報勤於下者，此古昔盛時君臣相與至意，所以治化彰明、休聞彌流、而功業宏遠也。今觀仁廟之眷禮於臣下者既隆且厚，而直之圖報於上者益勤以忠，則上下之情交孚葉契，可謂至矣。然則是卷之藏固將以貽永久，又豈圖一時之榮而已哉？

這是一篇題跋之文，也是一篇紀實文字。凡所記敘，都是事實。所附議論，也無虛飾。雖盛讚皇帝禮賢之大典，卻非張大其事，過甚其辭。幼孜行文之「雍容雅步」，亦可於此處見之。

二、王直

王直（1379-1462），字行儉，泰和人。史稱直幼時家貧力學，舉永樂二年進士，改庶起士，讀書文淵閣。帝善其文，召入內閣，授修撰。歷仕仁宗、宣宗，累遷少詹事兼侍讀學士。天順六年卒，年八十四。贈太保，諡文端。卒前一年，撰有《自撰墓誌》，所言家世、生平甚悉。《明史》卷一六九有傳，著有《抑庵文集》。

《抑庵文集提要》中對王直評價甚高，「當時與王英齊名，有西王、東王之目，而直尤為老壽，巋然負一代重望。蕭鎡稱其文，「汗漫演迤，若大河長川，沿洄曲折，輸寫萬狀，蓋由蓄之深故流之也遠」。其揚詡未免稍過。然明自中葉以後，北地信陽之說興，古文日趨於偽，直當宣德、正統之間，去明初不遠，淳樸之習未漓。所作貌似平易而溫厚和平，實非後來所及，雖不能

追古，作者亦可謂尚有典型者矣。」指出王直為人溫和，與金溪的王英齊名，世稱「二王」，以所居地稱王直為「東王」，王英為「西王」，文章溫厚和平，可以樹為典型。

史稱直為人「偉性嚴重，不苟言笑，及與人交，恂恂如也。在翰林二十餘年，稽古代言編纂紀注之事，多出其手」（《明史》卷 169），而其文「其詩文典雅純正，有宋元之遺風，自永樂時即承命入閣，典司制誥。凡朝廷著作，多出其手」（《抑庵集提要》）。現在看來，王直之文，可以直繼三楊，其所成就，與金幼孜相似，甚且過之。其謳歌太平，黼黻教化，亦不遺餘力。除了「稽古代言編纂紀注」之外，所撰序記雜文，也多「治世之音」。例如《建安楊公文集序》（《抑庵文集》卷六）云：

> 國朝既定海宇，萬邦協和，地平天成，陰陽順序，純厚清淑之氣鐘於人，於是英偉豪傑之士相繼而出。既以其學贊經綸與事功而致雍熙之治矣，復發為文章，敷闡洪猷，藻飾治具，以鳴太平之盛。自洪武至永樂，蓋文明極盛之時也。若建安楊公者，其可多得哉？

建安楊公即楊榮。這裡所謂「敷闡洪猷，藻飾治具，以鳴太平之盛」，既謳歌了盛世，又闡述了臺閣之文的特徵。王直在這裡稱讚楊榮，實亦發表自己為文的主張。

王直為文之謳歌盛世，在其送序贈言諸作中亦隨處可見。例如《送曾用礪序》（《抑庵文集》卷六）有云：

用礪予友也。其家縣北門，而予家西門，相距僅五里。……予來京師蓋久，用礪處鄉邑。其跡雖殊，而心未嘗變。今皆已老矣。……予長用礪一歲，而衰病日加。誤蒙大恩，才不稱位，夙夜憂懼，不敢自寧。思殫心竭力以圖報萬一，然後乞身而歸，複與用礪杖屨逍遙，從田夫漁父醉釀飽鮮，擊壤鼓腹，詠歌聖化，以傳之後世，使知今之盛治足以繼唐虞。蓋天下之樂莫有加於此，用礪之心當必與予同也。予與之別又二十餘年，今一見而遽去，有不能已於言者，故書予意如此，以送之龍洲魚浦之間，用礪其徯予來也。

當時臺閣文風盛行，王直身處高位，不免在與朋友送別的抒情敘事之中，不忘謳歌盛世，「況又當太平之時，聖天子在上，以仁育萬方，常賦之外，科征力役，無一毫及民者。用礪於此時，有以足乎內而無憂乎？外優遊閭巷之間，其樂可勝道邪？」這一點與金幼孜十分相似。至謂「天下之樂莫加於此」，其「殫心竭力以圖報萬一」，也是真實的，發自內心的。

王直一些齋堂之記，也往往謳歌聖世，例如《歸來堂記》（《抑庵文集》後集卷四）在敘述蕭希曾歸老之樂之後，便發議論道：

予謂古之君子壯而仕以行其道，及既老且倦矣，則致其事而歸。仕有常祿，歸有常業，是以進退自得也。後之君子或以官為家，故有溺而忘歸，或素乏常業而無以為歸，於是有貪位之譏，竊祿之嫌。我朝列聖，以深仁厚澤涵育天下，

天下之人無無業之家。仕者之老而倦也，則不欲煩以政，使歸休於田里，而無留祿之人。此太平極盛之世也。希曾進而享其榮，退而遂其樂，豈非君子之幸哉？然君子之樂不徒樂也，樂則形於言，希曾必有以歌詠聖化，發為治世之音。後之人得觀於此而聖朝之美著矣。則歸來之堂豈不亦與有耀哉！故為之記。

在王直看來，「我朝列聖」，都是「深仁厚澤，涵育天下」之君；而所逢之時，又是「太平極盛之世」。生當這樣的盛世，就應該「歌詠聖化，發為治世之音」。王直以此要求蕭希曾，他自己也正是以此自任的。

王直還有一篇《李氏牧牛圖序》（《抑庵文集》後集卷十七），題為「圖序」，實為「畫記」，與金幼孜的《百鳥圖記》相比，特點頗為相似。其文有云：

牧牛圖一幅，京口張永所畫，刑部郎中李君文定所藏也。

牛，涉者一，臥者三，顧其子若相與者一，吃者二，俯首而受跨者一，喜而相嗅、嗅而仰視者二，大小凡一十頭。其色同，其自適之性亦同。

牧，有行而牽者，有立牛背而涉者，有荷笠而跨者、有跨而吹笛者，有藉蓑棄笠相與博戲者，有籠禽者，有據牛首而欲升其脊者，凡八人。其衣服不同，而其悠然自得之趣蓋無不同也，甚矣哉，其善畫也。

夫當風日和煦之時，而自放於山澤之間，睹花卉之芬芳，逐魚鳥之翔詠，人與畜皆樂也。非萬物各得其所之謂哉！然從而思之，凡為守令牧民者，有不當如是乎？因其所利而利之，使自力於畎畝而保其妻子，饑而食，寒而衣，出入作息，順其自然之節而無有戕害者焉，則為之牧者亦各從容以嬉，而相安於無事，如此圖之所畫者，豈不善哉？奈何善牧者之不多見也！

這幅牧牛圖，也似工筆；王直所記，亦頗工細。先寫牛之動態，涉、臥、吃、嗅等等，觀察仔細；再寫牧者的舉止，行而牽，立牛背而涉，荷笠而跨，據牛首而欲升其脊等等，不一而足，也是工筆細描。從「人與畜皆樂」而想到「萬物各得其所」，又想到「為守令牧民者」。在王直看來，這幅牧牛圖，不啻太平盛世的縮影，牛與牧者，各自「從容以嬉」，「相安於無事」。但事實上，這樣的盛世，在現實中是沒有的。文章最後說：「奈何善牧者之不多見！」蓋亦感慨之言。

王直的一些小序，往往抒發個人的情懷與意趣，如《湘江雨意圖詩序》（《抑庵文集》卷六）：

錢塘戴文進，雅好竹，嘗於竹間作室以居，自謂不可一日無也。及來北京，而土不宜竹。居閑處獨，蓋未能忘於心。其友夏仲昭輩欲娛適其意，為作三圖，長皆逾二尺，而蒼然玉立，隱見於煙雨空濛之中，有瀟湘千里之勢焉，名之曰「湘江雨意」。文進甚喜，曰：凡吾之托好於竹者，欲適

意焉耳，今得此意，亦適矣，何必眷眷於舊哉？少保黃公為之記，士大夫多為賦，詩文進持，以求予序。

予與文進同其好者也。予家泰和，城西溪上舊有竹萬竿。先大父作亭處其中，當時名公歌詠之，歲久蕪廢，近稍修復，舊觀鬱然可樂也。而予乃竊祿京師，不得以歲月處焉，其往來於懷，蓋亦與文進同也。今年於私第作小軒，名之曰「水竹居」，求仲昭作巨幅置壁間。公事之暇，飲食起處必於是，宛然故園風致也，茲複於文進見之，然則使予二人居京師而兼有林泉之適者，非仲昭之力歟？雖然，古人之托意於物者，冀有益於己也，故君子于竹，疑德焉，以其清虛勁直可尚已，能取諸物以求益，雖似猶真也。不然，雖真，奚適哉！故予於仲昭之畫，蓋以為德之勵，而不敢忽焉。文進與予同其好，亦必與予同此心者矣，故為序其詩而相與道之。

古今文人都愛竹，作者朋友文進有幅湘江雨意圖，向作者索序。王直一句話點明「予與文進同其好者也」，雖然沒有到「不可居無竹」的地步，但也無法自拔。「公事之暇，飲食起處，必於是」。愛竹的原因，也古今一致。「以其清虛勁直，可尚已……以為德之勵」。由於是自己所愛，文章的臺閣氣息也減弱不少。

王直還有一些題跋文字，立意與記序之文相似，如《跋香山九老圖後》（《抑庵文集》後集卷三十六）云：

唐白樂天香山九老會見慕於世久矣，豈謂山水之華、燕

遊之適哉？君子之仕以行道也，而行道本於身，既老且衰，猶謂足以行道而不謬，蓋難矣。於是奉身而退，與故人賓客杖屨消搖觴詠以為樂。安止足之分，遠忝竊之譏。高風雅度，超軼絕塵。且其所尚，以齒不以官，則又異乎齷齪之徒拘拘於外物以自高者。於乎！斯誠所謂樂天者歟！當是時，裴晉公亦退居於洛，開綠野堂，與樂天輩娛意詩酒之間。晉公用舍，係朝廷輕重，然亦以年至而去，則非晉公比者可知，君子之進退，亦審於義而已矣。

蘇州同知邵侯信之持此卷求予題，展玩數四，為之慨然。

白居易早年直言極諫，遂不免嚴譴；晚歲奉身而退，避去許多是非。王直認為此乃「安止足之分，遠忝竊之譏」。這是新的解釋。這個看法和他在《歸來堂記》中所言者大體一致。

王直行文，和金幼孜相比，字裡行間，較多流露情感。有一篇《示秬子文》（《抑庵文集》後集卷三十四），家人父子之言，尤能見其為人。其文有云：

予來北京十五年，仲子秬來侍亦三年。今將歸，自念已及六十，而衰病相尋若七八十者，其能久生與否，不可必也。有所欲言，尚可忍邪！故為爾秬言之：

始予四歲，已失恃，年才八歲，則父以事去；所倚賴者，祖母耳。當時非無內外親，其教育我使不失《詩》、《書》故業，則舅氏歐陽先生之德，予不敢忘也。今幸居官

食祿，然才薄能鮮，無以報上恩，恒懼福過災生，貽辱父母，累爾兄弟，故謹守禮法，不敢放肆。爾兄弟亦當勉於為善，庶相資以久。……

予少甚貧，備嘗艱苦，以今視昔，所勝多矣。恆產雖不可無，然須得之以義。勿虛價，毋抑求，毋妄取，則人不怨，吾亦可以長守。而其所最急者，在親君子、遠小人。蓋親君子則能進於善，遠小人則不流於惡。以勤儉治生，以忠厚養德，守祖宗墳墓，食田園薄利，勿怠惰以廢業，勿酣酗以生禍。文章書法，以秦漢魏晉唐人為師。學行有成，能自立於士大夫之間，鄉黨以善人目之，斯足以無忝於前人。予若即死，無憾矣。

王直晚年誡子，其用心與楊士奇有些相似。王直之子雖不似士奇之子那樣「不肖」，但他也甚憂勞。自謂「謹守禮法，不敢放肆」，希望其子做到「勿虛價，毋抑求，毋妄取」，而最要緊在於「遠小人」而「親君子」。身教言教，蓋兼有之。父親的用心，父親的愛子心切，可見一斑，從王直的為人看來，所言亦甚真實。在王直的各體文章裡，這是最具真情實感的文字，也是比臺閣文章更能打動人的文字。

三、詹同

詹同（生卒年不詳），字同文，原名書，後朱元璋賜名同。婺源人。他幼小聰穎，學習勤奮，虞集一見到他，就稱讚他是「真才子」，並當即將自己的侄女許與他為妻。元至正中，舉茂

才異等，授湖南郴州路學正。承旨兼御史入國朝，累官翰林學士承旨兼吏部尚書。奉旨編修《皇明寶訓》、《大明日曆》，與宋濂同為總裁官。逝後，諡號「文憲」。

明人廖道南在《學士承旨兼吏部尚書詹同》中引用了詹同的一段話，可見詹同的文學追求：

> 古人為文章，或以明道德，或以通當世之務。典謨之言，明白易知，無深怪險僻之語，至如諸葛亮《出師表》，亦何嘗雕琢為文而誠意溢出，使人讀之，自然忠義感激。近世文士不究道德之本，不務當世之務，立辭雖艱深而意實淺近，即使過於司馬相如、揚雄，何裨實用？自今翰林為文，但取通道理、明世務者，無事浮藻。（《殿閣詞林記》卷五）

詹同力求文字明白顯易，樸實無華，無任何艱深險僻之語，並講究文學的社會功用「明道德」或「明世務」，這一點與王直、金幼孜十分類似。宋濂在《詹學士文集序》中對其推崇備至：「同文襟韻瀟灑，濟以宏博之學，故體物瀏亮，鏗鏗作金石聲。及歸我熙朝，遂以文鳴一時。當勝友如雲，酒酣耳熱，有執卷來求者，同文振衣而起，捉筆四顧，文氣絪縕，從口鼻間流出，頃刻盈紙，爛爛皆成五色。……予與同文交且久，而同官翰林，初見之甚驚，後屢見之，竊自歎賦才暗劣，規規方圓，中日蹈古人軌轍，不敢奮迅吐一奇崛語。雖見諸簡牘者近一二千篇，奄奄如無氣人，作文固當如是耶」（《文憲集》卷七）。宋濂的評價雖不免溢美，但反映出詹同的才氣和文筆。可惜其文多稱旨與

朱元璋，不敢表現太多的文氣與才氣，文學色彩較淡。所著有《海涓集》（已散佚）、《天衢吟嘯集》。

四、胡儼

胡儼（1361-1443），字若思，號頤庵，南昌人。自幼好學，《明史》卷一四七記載「少嗜學，於天文、地理、律曆、醫卜，無不究覽」。洪武年間（1368-1398），以舉人授華亭教諭，後因母去世，改任江西餘幹。纂修《太祖實錄》、《永樂大典》、《天下圖志》等書，均任總裁官。他為人質樸真誠，以師道自重，善於選拔人才，士大夫由太學出身而至顯位者，對他無不感恩戴德，遂以名重天下。其文風典雅精湛，著有《頤庵集》，今僅存《頤庵文選》二卷。其文追蹤虞集，氣格高古，律度謹嚴，溫厚醇雅，有疏宕之氣。

胡儼發揚了唐宋以來「文以明道」的傳統，加之「今公之文，沉實不肆，溫厚雅贍，有疏宕之氣，鑿鑿乎欲追古立言之為。蓋其履師儒之位，表率學者，必以明經講道為務，而不為虛言，要其歸一，本於道德而已矣」（胡廣《頤庵文選原序》）。故撰文作賦，必以明經講道為務。但並非一律為呆板枯燥的說教，而是「其辭雍容，而其氣洋溢，藹然蔚然之意，見乎言義之表」，常常通過形象的描繪，切身的感受，精巧的構思，將人們習見的儒道性理闡述得深入淺出，融會貫通。尤其是序記文，「其間文理，皆出人言意之外，或一篇之中，一句之內，有得性理之奧者，有出於神奇之妙者」。令讀者「不覺心與妙融，且驚且愕，未嘗不為之掩卷興歎，慨然自釋，便覺胸中有所自得」

（涵虛子臞仙《頤庵文選原序》）。如《友桐軒詩序》、《友竹詩序》、《城南別墅雜詠詩序》、《聽雪齋記》、《味菜軒記》等，都是這方面的代表作。《友桐軒詩序》寫金川毛諮詢性嗜琴，以「友桐」名其軒，又求賢士大夫之賦詠而向胡儼索序。胡儼指出琴「格神人，和上下，移風易俗，合於八音」的功能，以及君子所以尚之的緣由後，追憶自己當年與父與君操琴奏樂的經歷情趣，讚揚勉勵毛諮詢以琴為友，以樂養德。其中通過先祭酒公之口曰：

> 吾聽《白雪》，有八荒無塵、萬籟俱寂之意；聽《春江》，有波濤浩蕩、魚龍鼓舞之勢；聽《歸樵》，有伐木丁丁、山鳴穀應、野猿幽鳥之音；聽《佩蘭》，有楚江湘浦、和風麗日、幽人詠士之興；聽《夢蝶》，有蘧蘧栩栩齊物之心；聽《禦風》，有憑虛欲仙、泠然善之感。於《離騷》楚歌，則如逐臣慕君，勇士赴敵，慷慨不勝其情也；於「長清」「短清」，則如雪天清曉，風鼓瓊林，鏗鏘之振乎寥廓也。於《水雲》，則有擊空明，泝流光，放棹滄浪之樂；於《大雅》，則黃鐘一鈞，始終條理，有太羹玄酒之味。獨於《秋鴻》，如萬裡關山，黃雲白草，銜枚入塞，風回電馳，霜降水落，月冷江空，團沙依渚，嘹嘹嚦嚦，顧侶呼群，超然遠舉，而琴於斯為盛乎！（《頤庵文選》卷上）

這段文字充分運用聯想、想像、誇張、排比、比喻，轉虛為實，虛實結合，將古樂琴曲諸多名作的情韻意境、主題旋律乃至效果描繪得惟妙惟肖，形象生動，具體可感，可謂神來之筆。涵

虛子朧仙《頤庵文選原序》中評價說：「皆能摹寫造化，而得物之性情，可謂盡其神矣，豈庸腐可得而想像哉！」庸俗之人是寫不出如此細膩唯美的文章。

《晉侍中大將軍溫忠武公廟碑》是胡儼墓誌碑銘中佳作。碑主乃東晉名臣溫嶠，其墓在豫章城南，俗訛為宋司馬溫公（光）而世代祀之。胡儼首先以詳實的精神考據史典，詳察墓地，正訛辨惑：

> 豫章城南之有晉侍中大將軍溫忠武公廟者，以公之墓在也。公咸和初為江州刺史，持節都督平南將軍，鎮武昌豫章，乃江州刺史治所也。公至豫章，親祭徐高士之墓，仰其風節，愛其山川，言於朝曰：「豫章十郡之要，宜以單車刺史居之。」事雖不行而心實重焉，故臨終之日與陶侃書。蓋公之葬豫章，侃從公之意也，後朝廷追公勳德，將為造大墓於元明二帝陵之北，侃上表並公書，得停移葬。今廟之後有坎，隱然實公之墓。故老相傳，舊碑載墓去廟三十步，初廟近排岸，司瀕於江，歲久為水齧。今廟徙臨墓矣，而舊碑亦湮沒。世俗無知者，因訛為宋司馬溫公，豈以公嘗為劉琨右司馬故耶？鄉人歲時祀事，惟謹有以事禱者，輒不得卜，複禱曰：「廟無碑，豈非欲得祭酒之文乎？」遂得卜。嗚呼！公之事，載諸史冊，章章然輝映今古，公之精神上下與天地同流，互千載猶一日，公豈以餘言為足傳耶？特以餘能正其訛耳，謹取公之履歷、始終大概著於後，使讀者知公不復訛為涑水先生也。（《頤庵文選》卷上）

文章結尾又滿含感情的指出溫嶠對豫章的恩澤「嗚呼！公當晉室之微，能以勞定國，豐功偉績，不獨著於王室，而豫章之人不受王敦、蘇峻之禍，公之利澤深矣。」其文筆樸實，字裡行間充滿著緬懷前賢、激勵後人的情意。

胡儼的賦，大都寫於病退居家的晚年，內容多為撫今追昔，歎老嗟休，表現作者人生種種感慨和壯志難酬、委運任化的思想情緒，受張衡、陶淵明抒情小賦的影響較深。如《述志賦》（《頤庵文選》卷上）：

　　嗟予生之忽忽兮，儵侵尋以就衰。老冉冉其將至兮，素髮颯以垂絲。遵先人之遺則兮，恒兢兢以自持。顧予力之不足兮，徒念茲而在茲。慨前修之日遠兮，惟古訓之是求。呻占嗶於朝夕兮，又懼夫輪扁之見。呋肆超遙於策府兮，恣遠覽而旁搜。日遑遑而不逮兮，心切切而怛憂。道愈遠而莫反兮，策跋犙於梁鞁津。浩浩而弗濟兮，渺傾波於洪流。予既望洋而趑趄兮，退卻步而返顧。恐佳期之遲暮兮，羌回車以複路。恥沒世而名不稱兮，漫馳騁於空言。苟餘情其信美兮，何雕蟲之刻鐫。掃枝葉與葩華兮，求根柢於本原。彼源泉之混混兮，曾不舍夫逝川。魚淵泳而鳶天飛兮，夫孰使之然？睹豁然而呈露兮，披雲霧於青天。反諸躬而欣欣兮，抑非言之可宣。苟日新而弗已兮，亶澡雪而潔鮮。日惴惴如臨深兮，匪一息之可捐。竊獨處而韜匿兮，愧闇然而日章。顧虛薄之淺尠兮，孤眾人之所望。惟黽俛以從事兮，曾何有於寸長。日居月諸兮，孰悲予視之茫茫。歌伐檀以內疚兮，知

素浪之無補。閔予心之日負兮，守一室於環堵。對庭槐以延
佇兮，聊逍遙而容與。

整篇小文不過百字，情景交融，表現作者獨居在家，感歎時
光易逝而個人茫無所得的感慨。其它如《東軒賦》、《感寓賦》、
《歸休賦》、《述夢賦》等也是如此。即便以名勝建築為題材的賦
作，也不乏這種情結。如《滕王閣賦》，其遊覽滕王閣舊址，見
「古木號兮西風，芙蓉悴兮夕露。壞堞鴉飛，滄煙蛋語。宿草迷
堤，殘碑僕土」而睹物感懷，觸景生情，發出「餘乃浩然興懷，
惻然悽楚。樂極悲來，豈惟斯故。追往事於亡陳，亘臨春與結
綺。薦香風於沉檀，極人間之麗美。何啻百倍於斯閣，終亦凋零
而銷毀」的感喟，可謂世事滄桑，人生無常。對於胡儼的辭賦，
時人評價甚高，所謂「體物緣情，端厚而微婉，有古人之意者，
蓋自袁伯長、虞伯生而後，複見於先生焉。」（楊士奇《頤庵文
選原序》）

五、梁潛

梁潛（1366-1418），泰和人，字用之。洪武間舉於鄉，歷知
四會、陽江、陽春諸縣，有治績。永樂元年（1403），召修太祖
實錄，擢翰林修撰，代為《永樂大典》總裁，官至翰林侍讀兼右
春坊右贊善。十五年，成祖赴北京，與楊士奇留輔太子。讒者誣
太子擅宥罪人，事連潛，下獄死。有《泊庵集》遺世。

梁潛少從王子啟受詩經，又從陳仲述學古文，侍仁宗在東宮
監國時，所言都本於仁義。仁宗贈詩《冬至日賜右春坊贊善梁

潛》：「侍從有佳士，朝端斯得人。夙昔自卿至，接見情益親。且夕資論納，豈獨詞華新。仲冬風日暄，和氣如陽春。湛湛樽中酒，歡然對良晨。」詩中盛讚梁潛的為人，不僅言能及道，而且詞華清新，有道德有才華，使太子度如沐春風。

梁潛既是詩人，也是一位散文家。其《泊庵集》十六卷，除應制詩賦一卷外，均為散文，包括論說、序記、銘傳、題跋、墓表、哀辭、贊等文體。

梁潛重視學問修養與文章的功用價值，認為：「夫惟養之久，故見於文辭者皆宏偉而光明；培之厚，故發於論議者皆雄深而有本，是蓋關乎國家氣運之隆，非偶然之故也。」（《會試錄序》，《泊庵集》卷七）把文風與個人的學問修養、國家氣運聯繫起來，這在當時館閣文人中具有普遍性。其次，主張文章要有「法」，亦要「用意深」。「其立言也有法，而用意之妙又在乎法之外也。」（《書王修本遺墨後》，《泊庵集》卷十六）他讚賞那種「用意深」、「燭理明」的古文，而對於「今之為學者」，不懂文章，既要學有法，又要務求創新，頗有微辭（《送熊訓導之任景陵序》，《泊庵集》卷五）。應該看到，明初館閣文人好追慕古人，尤其是宋人文學風範，但由於這種追求建立在程朱理學的基礎上，加之他們生活圈子狹小、題材狹窄，故往往流於形式和呆板。梁潛在重視「有法」的同時，強調「用意深」、「用意妙」，雖不可能改變臺閣文風，但對矯正臺閣習氣卻不無裨益。

基於上述文學觀點主張，梁潛的散文雖然不可避免地受到臺閣文風的影響，但也表現出自己的個性，有不少思想性或藝術性較好的作品。

這首先表現為不是一味歌功頌德、粉飾太平，而是對國事政事有一定程度的關注與憂慮。如其專題性論文不多，但針對性強，觀點十分鮮明，說理溫和周密。史論如《論平陽公主》（《泊庵集》卷二）：

> 氣概能事，隱若一奇男子，豈不非常婦人。然竊意非常之事不可有也，苟有之，非美事也。禮：男子生，授之以干戈、俎豆，故有事於天地四方者，男子之常事也。女子之生，習之以瓦，示之以裼，卑之於地，故有閨門之修，而無境外之志者，女子之常事也。妖狐晝遊，人必駭視；鬼魅夜嘯，眾則瞿然。曾謂婦人而誇能事於軍旅、宇宙間事，亦良可怪也哉！高祖乃猶欲移國家有常之典以賞此非常之怪，是高祖好怪矣，晉陽之役，獨少此一女子兵耶？

梁潛非常委婉地借評論歷史人物平陽公主告誡最高統治者，不要讓女人參政擅權誤國。這裡有梁潛認識上的局限性以及對女子的輕視，認為女子就因該大門不出，二門不邁，謹守婦道。而歷史上的平陽公主是一位開國女將，是唐太宗李世民的姐姐。山西進入中原有個重要關口，山勢非常險峻，稱為「娘子關」，得名的由來，就是因這個關口是由平陽公主率軍隊把守的，她又被稱為「李三娘子」，並不是梁潛眼中的誤國女子。但梁潛的論述溫和而不鋒利，如朋友間的對話娓娓道來。

另外如《劉仁軌》（《明文衡》卷十一）：

少府監裴舒為唐高宗造鏡，殿上與太子太傅劉仁軌觀之，仁軌驚趨下殿走。上問其故，曰：「天無二日，民無二王，適見壁間有數天子，不祥孰甚焉。」上遽令剔去。

愚意仁軌此言未當也。夫人臣之戒君，或婉其辭而意有所在，孔子所謂巽言之者也；或峻其辭而無所隱，孔子所謂法言之者也。仁軌此言，其法言之耶？其巽言之耶？夫曰：「壁間有數天子，不祥孰甚焉者。」有似乎巽言之矣。

高宗嗣守天位。而武后制其政柄，是武后亦一天子矣。李義府恣意慘酷，天下之人知畏李貓，而不知有朝廷，是義府又一天子矣。至於武三思為周公威福之柄，又窺取之焉，則三思又一天子矣。政出多門，不祥孰甚，而仁軌此言非此意，而高宗亦不此悟也。然則，既不為巽言，曷不為直言也哉？納約自牖，因其明而投之。仁軌此時宜進言曰：「以銅為鏡，不若以古為鏡；以古為鏡，不若以賢為鏡。書云『人無於水鑒，當於人鑒』，詩曰『殷鑒不遠，在夏後之世』，隋之煬帝，淫刑黷武，沉湎冒色，忠言不用，小人朋進，盜賊旁午，自度不免，乃持鏡照曰『好頭頸，不知為何人持去』？此煬帝以銅為鑒，而不以古為鑒也。太宗皇帝艱難以定天下，身致太平，樂聞直諫，好用善謀，皇后順正不預外事。常曰『以銅為鏡，可正衣冠；以人為鏡，可知得失』。此太宗以人為鏡，不以銅為鏡也。陛下誠能以煬帝為戒，乙太宗為法，則社稷之福，生民之幸矣。且殿廷之上，豈照鏡之所？奸邪之情豈懸鏡可得？陛下以心為鏡，勿昏以欲，勿蔽以私，湛然虛明，可照萬事。臣伏願陛下，曷去彼而取此

哉。」

　　梁潛借劉仁軌進諫之事而大加敷演，舉隋煬帝、唐太宗的例子勸明主以鏡為鑒，不如以古為鑒，以古為鑒，不如以賢為鑒，「勿昏以欲，勿蔽以私，湛然虛明」。梁潛還有政論如《明本二十條》，包括《家本》五、《教本》五、《治本》十，較為系統直接地闡明瞭作者的治國之道。而《題宋理宗墨蹟》，借評論書法討論政治得失，在理學極受皇上推崇的明初，尤為大膽剴切：「理宗於萬幾之暇，操弄翰墨，遂輒及此。其尊隆道學，拳拳之意，於此概可想見。惜其後委任權奸，國事日以不振，良可歎息。夫尊崇聖學，莫如理宗，而用人一失，宋之弱滋甚焉。得失之際，可以觀矣。」（《泊庵集》卷十六）

　　其次，對民情民瘼表現出一定程度的關心或同情，希望地方官吏廉潔愛民。如《送邵廉使之任江西序》，在稱舉江西自古為山川秀美、經濟富庶、文明禮儀之邦後，進而分析當今人民陷於痛苦的原因，希望邵赴任「宜有以處之」：

　　　　邵公之賢，聞於朝久矣，一朝承命而往，吾民之病，庶其有瘳也哉。夫居高位而求下之安，其道之難也。姑息者，嘗養患；猛厲者，嘗過之。不姑息猛厲，而民安焉，非邵公其誰歟？異時政化修行，使強暴者革，善柔者立，禮義之俗興，而民知所愧恥，則夫大江之西，山川之偉傑，與邵公之聲華並著不朽也。吾其待之書以為之。（《泊庵集》卷五）

梁潛希望邵公既不要「姑息」強暴，亦不要「猛厲」人民，則「吾民之病，庶其有瘳」。其它如《送史參政之任廣東序》，勉勵史參政「精達於事，廉潔無私曲」，也是這類體察民情、關心國計民生的作品。

再次，張揚人性，敘寫諸如父子、兄弟、朋友之間的親情友情。這種敘寫儘管離不開程朱理學範疇，但由於它常常出於作者親身經歷和體驗，故顯得十分真摯感人。如《跋西園翁傳》（《泊庵集》卷十六）：

> 西園翁居城西，予家又在其西，柳溪之側，有畦數畝，松竹雲霞，渺然如岩穀之幽，此先君畦樂。公所以朝夕吟哦，放情其中者也。
>
> 翁之園，廣不盈畝，跨於通衢，種蔬藝藥，其香鬱然。行者嘗側足而望，其園中蓋其所適，殆與先君同然也。先君喜飲，翁亦以酒自縱，故二人者常相往來，草蹊苔徑，見屐齒之跡累累然者，非翁即先君也。翁今雖已老，猶痛飲豪謔如方壯時，獨先君不作矣，悲夫！
>
> 翁之學最篤，往年受經於三華蕭先生之門。其時予為童子，尚未知學也，翁以其學教於鄉者幾三十年。而予仕於時，周行天下列官於朝者，亦十有五年矣。追念往事，恍如昔者，忽得亡友楊之宜所為《翁傳》讀之，益有感焉。因書以識其後，蓋距之宜之歿又一年矣！

先敘當年鄰居西園翁與乃父畦樂公的交情，隨即點出失父的

悲痛，「獨先君不作矣」。接著，寫自己與西園翁因年齡懸殊而先後走過的不同的受學、從教、出仕道路，似乎為他們未嘗深交杯接而遺憾，抑又為其同為學子人師而自豪。最後，由傳主而及傳人，寫自己對亡友楊之宜的懷念。跋文僅二百四十多個字，但構思巧，立意深，內容廣博，親情、友情，追思、緬懷，遺憾、感慨，諸種情感，寫得豐贍委曲，真摯深沉。又如《翰林庶起士陳孟潔贊並序》，寫其同僚好友陳孟潔負才不羈，嗜酒成性。梁潛曾勸其節飲，而陳「漫不惜」，最終喪命。梁潛痛贊曰：「泰山為杯，酌以江水；與君傾倒，君不可起。我之懷思，曷云其已。」充分表達了對好友孤憤苦飲的理解和對其英年早逝的追思、惋惜。

　　梁潛的散文，總的說來，風格清秀，溫厚和平兼有縱橫之氣。就具體方法言，記敘、議論、抒情，或以一種為主，或二、三者兼而有之，皆依文體不同而運用自如；同時，講究章法和立意構思。如傳記散文《一槎翁傳》、《疾退子傳》，以記敘為主，分別記敘二個富有才氣、因故廢退在家的卑官，雖窮困潦倒，仍不失其豪邁之氣。傳末附以作者直接的議論，筆法頗類《史記》。《義馬傳》則寫泰和縣令應承完所乘之馬富有靈性，通人心，「非其主輒弗得乘」。應承完被人陷害而殉職，其馬「不肯背主歸讎以死」，傳奇色彩十分濃厚。《送周如陵序》中描寫巴蜀三峽一帶風光，條理清晰，文筆活潑，形象生動，可與晉宋山水小品文媲美。而《秋江送別圖序》熔敘事、議論、抒情於一爐，堪稱梁潛散文的上乘之作：

余友劉添元自弱冠游燕趙，縱觀都邑之巨麗。暨壯東遊洛陽，北逾河西，入潼關，度太行、盤穀，厯覽山川之勝，人物之盛，風土之異宜，習俗之美惡，以至於草木鳥獸、昆蟲魚鱉，凡百寶玩怪奇與夫平昔之所未嘗見聞者。嘗夜剪燭並坐，語刺刺不休。余雖未及遨遊四方，因添元之言，恍然若親歷之也。前年入長沙，去年遊京師，今年秋複有長沙之行。其同里蕭仕信為繪《秋江送別圖》而屬餘序焉。

余睹夫漳江水冷，下見沙石，漁歌中流，鴻飛數點。當此之時，能不愴焉於懷者幾希。而添元方油然駕扁舟，攘臂江風，帆如奔馬，欣欣然曾何別離之想？蓋由其平昔往來之熟，胸次軒豁，襟懷倜儻，以四海為鄉邑，舟楫為室廬，雖千里猶庭除也。向使添元拘拘於一邑之內，一丘壑之間，固有不堪其繫縛者，而何能如是？古人有以不讀書萬卷，不行地千里為歎，若添元之見聞識趣，豈特行地千里而已哉！慶守郭先生，職教江陽，鄉之先達也。添元往見焉，其告之曰：「昔張翰居江東，見秋風起而有思歸之歎。今余於秋江之上，而有遠遊之樂。所遭或異，人情則同，先生其謂何如？」（《泊庵集》卷五）

在歷代騷人墨客筆下，「秋江」、「秋風」幾乎是送別題材中「悲愁」的同義語。梁潛卻一反文人思維的定式，從送別圖中看到人物思想性格與環境的和諧統一之處，扣住劉添元胸懷倜儻，四海為家，喜歡遊樂的思想性格展開議論，賦予秋江秋風新的作用和含義。行文跌宕，一波三折，一唱三歎，搖曳多姿，頗得蘇

軾文法之妙。無怪乎楊士奇稱其「為文章馳騁司馬子長、韓退之、蘇子瞻，亦間出莊騷為奇，務去陳言出新意。」（《梁用之墓碣銘》，《泊庵集》卷十六）

六、李時勉

李時勉（1374-1450），名懋，以字行，別號古廉，安福人。永樂二年（1404）進士，入選翰林院庶起士，就學文淵閣。以胡儼牽引，先後參與《太祖實錄》、《成祖實錄》、《宣宗實錄》編修工作，官至北京國子監祭酒。正統十二年（1447），乞退隱，獲准。「太祖以宋訥為祭酒，最有名，其後甯化張顯宗，申明學規，人比之訥。而胡儼當成祖之世，尤稱人師。然以直節重望為士類所依歸者，莫如時勉」（《明史》卷163）。指出當時李時勉在士林中的地位可與宋訥、張顯宗、胡儼等重臣齊名。謚忠文。著有《古廉文集》十二卷傳世。

李時勉為人剛正不阿，為文則平易通達，不露圭角，風格頗近宋濂。他繼承了宋濂「文道合一」的思想，文學觀念洋溢著衛道氣息。另外，作為國子監祭酒，李時勉不能不維護時文在科舉中的地位，自覺或不自覺地在古文與時文之間調和，在《文說》中認為「至於今之所謂時文者，特掇科求仕者假是以進焉，雖其文體輕浮疏淺，而於道則未嘗戾也。道在是而不戾，則由是而進於古也不難矣」。（《古廉文集》卷七）承認時文有「輕浮疏淺」的弊端，可還是沒有違反「道」。從這種文學理念出發，李時勉的散文成就十分有限。

《古廉文集》中，有序、記、銘、傳、表、說、贊、題跋

等，而序記所占比重最大，且大都為應酬之作。其內容，除美化、表彰統治階級中上層人物和下層名流外，自然離不開道德說教。正如蕭尚彝所言，其文「本之以道德，參之以才氣，而又浸淫乎六經，搜獵乎百家。其言辭之發，見諸行事之實，皆足以扶世立教，正君善俗。如是而鳴當時，傳後世，豈不猶泰山河海之大，天下之人幸而見之者，莫不有以快其心目焉。」（《古廉文集後序》）雖有溢美之譽，但也指出李時勉文章的特點在於「扶世立教，正君善俗」。如《送方伯張公赴江西序》（《古廉文集》卷五）：

> 皇上自即位以來，孜孜於求賢命官以圖至治，而於方面大臣尤加之意焉。雖簡在聖心，又必參之，以在廷重臣之所舉選不輕授也。
>
> 公自御史超拜方伯，人皆以為宜。由其才德足以稱之也。然而方伯大任，布宣恩德，號令之出，政化之施，斟酌損益，必適其宜，如是而後，可以無愧於其任。故予於公特有告焉。方伯總治於外，郡守縣令望之以為表率，四郊之民仰之以為父母，今一方面之間，環千里而為郡者不知其幾所，環百里而為縣者不知其幾區，自守令而下任牧民之責者不知其幾人有賢，而善為政不肖而怠於事者，有廉而惠於民，貪而毒於下者，欲考察於平時，而激揚於一旦，則為力勞而不勝其擾矣。若夫不假於稱賞譽賚，彼賢而廉者自知所勸，不勞於搏擊黜罰，彼貪而不肖者，自知所懲而皆為良，有司是必有其道也。窮鄉下邑，鰥寡流冗，不得遂其生者，

不可勝數。而郡邑之間，獷騖兇悍，不事生業者，不可盡紀，有饑寒困苦望救於上，而流離顛沛失其所者，有把握官府以濟其奸，而豪橫鄉曲以肆其毒者，欲人人而濟之，一一而制之，則為力煩而不勝其難矣。若夫不假於勞來撫摩，彼窮人自得其養，不勞於榜笞桎梏。彼惡人自向於化，而皆為良民，亦必有其術也。孔子曰：「其身正，不令而行；」又曰：「德之流行，速於置郵而傳命仁人。君子之為政類如此」。公學廣而明於理，才高而練於事，剛正而簡靜，有守而有為，其致此不難。予故為公一言焉。公行矣，方伯毗陵，吳公予故人也，聽政之暇，其亦以是告之，將必有契焉。

先敘作序緣起，次序皇上簡拔之聖心，再言布政使為一處之方伯的責任重大，然後敘地方民情政事之繁雜，歸結為仁人君子當如何從政。與梁潛《送邵廉使之使江西序》比較，似乎缺乏那種對民情民瘼的關心和同情，儼然一種扶世立教的姿態和道學家腔調。當然，客觀上講，其有些散文如族譜序、重修儒學序，對明初地方文化教育事業的發展具有一定的促進作用。另外，有的散文也反映了作者自己的思想個性和道德要求，如《硯銘》（《古廉文集》卷三）曰：

其堅也確然，其潤也溫然；其圓也不至於柔佞，其方也不過於岩棱。硯乎硯乎！是其徒為吾今日之師表，其將尚友乎千年也歟？

通過讚美硯的質地形體，賦予硯以人格特徵。實際上，它是作者為人處世的經驗總結，也是作者思想個性的寫照。它折射出明初高壓政策籠罩在文人身上的陰影。

他的《自贊》（《古廉文集》卷十二）也和那些道學氣息濃厚的文章不同：

> 爾之貌，不魁梧而秀麗；爾之心，不機警而婉委；爾之學問，不廣博而深宏；爾之文章，不豐贍而華美。動止粗率，言辭鄙俚，徒竊科名以取祿位。承荷寵榮，恬不知愧。雖然爾生六十有六矣，不為不仁，不為不義，不矜已而傲物，不徇私而慕利。於人而無所爭，居官而無所恃。今之所以貌敬而不忍欺者其，在此歟吁。汝其慎之，以保終始。

對於自己的外貌、學問、文章等的描述帶有些調侃意味，不免自誇。但「不為不仁，不為不義，不矜已而傲物，不徇私而慕利」，應該是作者一生的寫照。

李時勉的散文，言辭平易簡練，少事鋪排，偶有一些片斷描寫，相當秀美。如《臨清亭記》（《古廉文集》卷三）：

> 文江陳國器其所居，在邑之北，距其居之前若干步，有池方廣凡數十百尺，泉出其間，冬春常盈而不縮，泓澄鏡澈，可濯可鑒，其流不窮，可以灌注畎畝，而達於海。比之朝盈夕涸，而不可以瀦匯以利物者，蓋亦異矣，國器於是而作。

亭於其上，而闌檻其四周。高敞洞豁，凡魚鱉蝦蟹之游泳、菱荷芙蕖之芬敷，沙禽水鳥之飛鳴上下，與夫波光日色、晴煙曉霧之晦明舒斂，皆在乎几席之下，而平林茂樹，遙山翠黛，誇奇獻秀於池之外者，一舉目而兼得之。每賓客往來，輒相與登臨以縱遊觀之，美引觴共酌鳴，琴賦詩歌，吟笑詠嘯雜不至，而塵俗自遠其樂，為何如也。於是名其亭曰：

臨清國器來京師，因中書舍人劉君求予記，予聞國器與其兄叔甯皆倜儻奇俊，友愛之情甚篤，家固饒財，讀書而好文，喜交遊，士大夫鄉里咸稱譽之。嘗構堂以養其母，曰春暉。而又有華萼樓，以為兄弟燕息之所，其以餘力複治斯亭，於以暢幽懷而娛賓客，國器果賢矣乎？吾嘗觀於人，父子兄弟之間，至於居處衣食之微或不相恤，而乃多飾亭館，以為外賓賞玩之資，豈不悖哉？使聞國器之風，能不愧歟？雖然地以人而勝，昔羲之之於蘭亭，柳子厚之於愚溪，特一時遊息之寓焉耳，猶名傳至今。況陳氏世居於此，國器兄弟又以孝友之行著稱於時，而詒謀之有道，使其後之人守之而弗替，則池亭之勝將相傳於無窮，豈若蘭亭、愚溪勝於一時，獨名存而已哉？

先描寫臨清池亭上和四周的美景，由亭而及人，讚揚陳國器的高風亮節，認為臨清亭將會像蘭亭、愚溪一樣由國器兄弟的美名而流芳百世。文章結尾還是流露作者的道德說教。此外《中溪八景記》描寫中溪的地理環境和人文景觀，《雲林清趣圖記》描

寫圖中仙境，皆表現出較高的語言修養和圓熟的文法技巧。

　　李時勉有賦七篇，除《冰雪軒賦》內容為遊仙外，《北京賦》、《白象賦》、《麒麟賦》、《獅子賦》、《瑞應景星賦》、《龍馬頌》都是以京都或吉祥瑞應之物為描寫物件的歌功頌德之作，藝術上繼承了漢大賦「鋪采摛文，體物寫志」的手法。它們在描寫京都的宏偉壯麗，誇飾吉祥瑞應之物的同時，表現了大明帝國的強大統一及其對四夷的懷柔威儡作用。雖然不乏對大明天子的阿諛奉承和迷信色彩，但由於其描寫大都有物質和現實生活為基礎，故其情感一般還比較真實，反映了作者維護國家統一，希望長治久安的思想心態。

七、夏元吉

　　夏元吉（1366-1430），字唯哲，原籍江西德興，後移家湖南湘陰。他歷仕五朝，以政事著名。他氣度恢弘，人稱之為「君子長者」。人有善即採納，人有才即任用，而不問其是否反對自己。曾有人力主殺元吉，但夏元吉照樣力薦他為「總漕運」。明著名思想家李贄曾稱讚他有「人所難」的高尚品質。

　　他雖然不以文名著稱於世，但他的文章也有自己的特色，平實簡淡，不事華靡，特別是疏章之類的致用文章，曉易暢達，充分體現了一個務實政治家的本色。楊溥在《忠靖集》提要中評價到：「其詩文平實雅淡，不事華靡。雖原吉以政事著，不以文章著，洪永之際，作者如林固，不能與宋濂、王褘諸人齊驅方駕，然致用之言，疏通暢達，以肩隨楊士奇、黃淮等，殆可無愧色矣」。指出洪武、永樂年間文壇大家很多，像宋濂、劉基、高啟

等，夏元吉雖然不能完全和他們並駕齊驅，但和楊士奇、黃淮等人相較，則完全可以比肩而行。他的著述有《忠靖集》六卷，附錄一卷。

　　夏元吉留下的文章多為頌、贊文體，如《瑞應白烏》、《瑞應騶虞並序》、《麒麟並序》、《瑞象並序》等，均是以吉祥瑞應之物為描寫物件的歌功頌德之作，以此表現明王朝的國力強盛和一統天下，文學價值沒有詩歌高。

第二章

明中葉的散文

　　弘治以後，明代統治進入中葉。文壇上，三楊臺閣之體漸入末流，復古與反復古的角逐十分激烈，出現了茶陵派、前七子、唐宋派、後七子等不同的文學團體和流派。雖然，這種角逐或運動是由反對江西籍朝官楊士奇等人的臺閣文風引起的，但是江西文壇並未因此而沉寂；相反，卻在這種運動中艱難地行進，曲折地發展。經過分化，出現了新的面貌和格局。就創作主體而言，開始了由館閣要員向中層新銳的轉移，如何喬新、羅玘、夏良勝等都是進士出身，都曾在部省任職甚至任要職，又都程度不同地遭受到政治迫害和打擊，因而，針砭時弊，批評朝政，反映社會民情就成為他們散文的重要內容；而另一批具有類似經歷的學者式文人，如羅洪先、何廷仁都是王派心學人物，他們的作品則主要以王學思想攻擊程朱理學，干預社會現實。因此，明代中葉江西散文雖然不如前期那樣影響大，但在品質方面有所提高。加上此時江西作家有的本身就是復古與反復古運動中某一集團或流派的成員，或者是某種散文理論或實踐的先導，因而他們對明代散文的貢獻仍不可小覷。

第一節 ▶ 中層新銳之文

一、羅玘

羅玘（1447-1519），字景鳴，南城人。成化二十三年（1487）舉進士，選庶起士，授編修。秩滿，進侍讀。正德初，遷南京太常少卿，累擢南京吏部右侍郎。後病卒，賜諡文肅，學者稱圭峰先生。著有《圭峰集》三十卷。

《明史》稱羅玘為人「尤尚節義」，遇事敢言。明史又稱羅玘「博學，好古文，務為奇奧」（《明史》卷286）。《四庫全書‧圭峰集提要》稱：「玘以氣節重一時，其乞定宗社大計二疏，及上李東陽書，皆言人之所難言。其文規模韓愈，戛戛獨造，多掩抑其意，迂折其詞，使人思之於言外。陳洪謨稱其為文，必嘔心積慮，至局戶牖，或踞木石，隱度逾旬日或歲時，神生境具而後命筆，雖數易稿，不憚，蓋與宋陳師道之吟詩不甚相遠。其幽渺奧折也固宜，而磊落嶔崎，有意作態，不能如韓文之渾噩，亦緣於是，殆性耽孤僻，有所偏詣歟？然在明人之中亦可謂為其難者矣」可見羅玘的創作態度十分嚴謹，為了語意的新奇，十分刻苦，甚至與宋代的陳師道「苦吟」相似，在《明史》中也有其苦吟的記載：「益肆力古文，每有作，或據高樹，或閉坐一室，瞑目隱度，形容灰槁，自此文益奇，玘亦厚自負。」但其文不能如韓愈文渾噩，如《送賈生歸山東序》（《圭峰集》卷九）：

　　壬子暮春中吉，有偉一生，款門願逞其藝。其入空嫋

嫋，疾風掠耳，驚電耀目，兵貴銳，先以矟，隨以劍也。其飛塵走石，怒猊突地，文虯過澗；兵貴堅，繼以刀夾盾也。其輕車走阪，鐵騎渡冰；兵有鈍擊利，奇以殳也。已乃屏五兵，戢氣挺身，赤手渾脫，遊絲牽蜂，飛炮下石，顛倒辟易，駛奔鳥厲，蓋兵外之用也。

描寫賈生逞兵弄藝的場景，比喻迭出，氣勢不凡，但幽澀奧折，正如《四庫全書》評論「有意作態」，讀來生澀、費解。

羅玘文章的價值，主要在思想內容方面。為文最可稱道者；一是書疏，一是雜著。其最為世稱者是《寄西涯先生書》（《圭峰集》卷二十一）。其文曰：

生違教下，屢更變故，雖嘗貢書，然不敢頻頻者，恐彼此無益也。今則天下皆知忠赤竭矣，大事亦無所措手矣。《易》曰：「不俟終日」。此言非歟？彼朝夕獻諂，以為當依依者，皆為其身謀也。不知乃公身集百訴，百歲之後，史冊書之，萬世傳之，不知此輩亦能救之乎？白首老生，受恩居多，致有今日，然病亦垂死，此而不言，誰複言之！伏望痛割舊志，勇而從之。不然，請先削生門牆之籍，然後公言於眾，大加誅伐，以彰叛恩者之罪，生亦甘焉。生蓄誠積直有日矣，臨緘不覺狂悖干冒之至。

劉瑾專政之時，確實是「忠赤竭矣」，劉健、謝遷之去，也都「不俟終日」，而李東陽獨留不去，羅玘於是不顧恩師舉薦之

情痛切言之：「不知乃公身集百詬，百歲之後，史冊書之，萬世傳之，不知此輩亦能救之乎」；「此而不言，誰複言之。」說得情真意摯。並希望李東陽「痛割舊志」，甚至不惜「門牆之籍」。義正辭嚴，態度堅決，充分顯示一個正直文人的氣節。

羅玘情誼真摯、寫得痛切的文章，還有《乞定宗社大計之疏》兩篇，其一有云（《圭峰集》卷二十三）：

為宗社大計事：臣少實迂愚，漫不諳事，壯而登仕，其愚如初。今已老矣，自分與愚終焉而已矣。思天下聰明才辯之士何可勝數，而或沉冥牖下，或困滯下僚，或不沾一命者，在在有之。顧臣之愚，乃獲竊祿先朝，備員侍從；又於陛下登極改元之初，自翰林侍讀超升南京太常寺少卿，僅逾二年，起升本寺卿，又逾年，轉南京吏部右侍郎。臣又思前之任翰林者，雖文華卓越十倍於臣，而猶循資歷格，進寸退尺，有白首終身汩沒者。臣獨何人，六年之間，驟進如此！謂非陛下天地曠蕩之恩可乎？臣又思，感恩之極，人雖至愚，苟有一得之見，自畏一身之死，懷而不為明主吐之，及至老衰病篤，而畢竟以死。是畏死而不免於死，徒感恩而不知報其恩，其果得為忠乎？又果得為智乎？使死而有知也，甯不悔於地下乎？

且臣之所謂一得之見，非指四方盜賊眾人目前所謂急者也，亦非隱微而潛伏也，左右大臣所共知也，百司庶尹言官所共知也，閭閻小人、外至荒服夷狄所共知也。或畏死而不敢以言，或以非其職而不得以言，或卑且遠而不獲以言，或

懷祿保位而不肯以言，甚或乘隙市奸以媒非常之貴富，而幸人之不言為己地者焉。斯亦可為寒心也哉！何也？

　　陛下受太祖太宗列聖之付託以天下，六年有奇於茲矣，而地久天長萬壽無疆固將自此始也，然亦必如祖宗有所付託如陛下，陛下乃無負祖宗所付託也。不知陛下今之將所付託者何在耶？……臣言至此，惟知宗社，不恤其它，故不文，不文故不諱，不諱故傷觸權奸多，傷觸多故中傷諂致罪辟以至於死，臣亦甘心，分內事也。臣瞻望闕廷，不勝激切屏營之至。

　　此疏之言，全為宗社著想。自所謂「一得之見」，有些類似解縉，發人所未發，發人所不敢言，但羅玘並不是像解縉一樣缺乏社會經驗，政治無知。而是封建王朝的披肝瀝膽之臣，從「壯而登仕」，說到「老衰病篤」，中間歷數自己升遷之驟，與「天下聰明才辯之士」不得登仕者相比，頗多感慨。從這樣的敘述中，可以看出，羅玘只是為感恩思報，毫無利己之心，「以至於死」也心甘情願。所以發自肺腑的遇事敢言，無所顧忌。

　　羅玘的雜文不少，有些雜說短論，也很有特色。例如《西溪漁樂說》（《圭峰集》卷二十二）：

　　漁與樵牧畊，均以業為食者也。其食之隆殺，惟視其身之勤惰，亦無以異也。然天下有傭樵有傭牧有傭畊，而獨無傭漁。惟其無傭於人，則可以自有其身。作，吾作也；息，吾息也；飲，吾飲也；而食，吾食也。不亦樂乎！蓋樂生於自

有其身故也。若夫傭則身非其身矣。吾休矣，人曰：「作之！」吾作矣，人曰：「休之！」不敢不聽命焉。雖有甘食美飲，又焉足樂乎！

豈惟傭哉！食人之祿，猶傭也。故夫擇業莫若漁，漁誠足樂也。而前世淡薄之士托而逃焉者，亦往往於漁。舜於雷澤，尚父於渭濱，然皆為世而起，從其大也，而樂不終。至於終其身樂之不厭，且以殉者，古今一人而已，嚴陵是也。

義興吳心遠先生漁於西，溪亦樂之老已矣，無它心也。甯庵編修請曰：「仲父得無踵嚴之為乎？」先生曰：「吾何敢望古人哉！顧吾鄉鄰之漁於利者樂方酣，吾愚不能效也，聊以是相配然耳。」有聞而善之、為之說其事以傳者，羅玘也，南城人。

這是一篇感悟之言。謂漁者之樂，在於「自有其身」，不同於「傭」，不是「聽命」於人。而且由此推論：「食人之祿」，亦與「傭」同。這樣的看法，前此罕見。

文章還從漁之為樂，說到人之「淡泊」，舜與尚父只是假託於漁卻「樂不終」，能「終其身樂之不厭」的，古今只有一人，「嚴陵是也」。

此文之外，羅玘還撰有《嚴子陵祠堂碑》（《圭峰集》卷十三），對嚴子陵逃托於漁仍是大加讚賞：

先生之生也，富春山一釣翁耳，既歿之後，遂姓其灘為嚴灘，瀨為嚴瀨，至於職方所統也，亦名先生之姓，曰嚴州

焉。夫自有郡縣來，已有此州，其生人也不可以稊米計，賢
人君子豪傑之士著聲於世後先，亦多矣，而皆無敢睥睨。甘
心曰：吾嚴人也。凡天下之人聞是州之名，不知其自於先
生，與聞先生而不知其寓於是州，亦愚夫而已矣。今夫倡優
之劇，里巷樵牧之歌至陋也，而其羊裘釣台，侈為盛美。嗚
呼！先生何以得此哉？當漢之衰，新莽之餌，其甘如飴，不
拜揖於猷雄之列者中，人可勉為之，未足高先生也。及真主
出，略其勢位，以故人物色之躡履而來，蕭然野意而故態即
發。心有水濱之寂寞，而無大內之深嚴，區區之榮利，鷗耶
鷺耶而已矣。

此文可與《西溪漁樂說》同看，都是表達對嚴子陵之類的羨
慕，「有水濱之寂寞而無大內之深嚴，區區之榮利，鷗耶鷺耶而
已矣。」希望能逍遙於漁。這兩篇文章應該都是在初仕不久。後
來的《乞定宗社大計之疏》在身居高位時，仿佛已沒有如此懷
抱，而是一心為國家社稷著想。

羅玘還有一篇《雜說贈吳獻臣宰順德》（《圭峰集》卷二十
二），其文曰：

鵲之鳴也福來，烏之鳴也禍至，未必然也。人之信之，
有不好鵲而惡烏者乎？直之言也興邦，諛之言也喪邦，必然
也。人之聽之，有不惡直而好諛者乎？嗚呼！禍福之未必然
者，則泥之；興喪之必然者，則忽之，惑之甚也。

本來是篇贈序，卻出以雜說之體。純屬有感而發，由人們對烏鵲鳴叫的喜好引申到人們對直諫之言的好惡，贈給地方的官員，實際是諷刺天下君主。作為贈序，文不對題；但作為雜說，則是上品。「惡直」而不「好諫」，本是人之常態，不是君主特有，禍、福、興、喪，也無足深論。羅玘之為此雜說者，蓋遇事而發而已。「性耽孤僻」者，有時如此。

另外，其《送蘇君江西提學序》（《圭峰集》卷五）還較早地討論到了江西文學興盛之由。羅玘認為，江西文學之所以繼巴蜀文學、閩南文學之後崛起，關鍵在於人才的孕育，文學的興起有一個過程，「蓋山川之氣，孕靈毓秀，厚蓄以有待也」；一旦時機成熟，特別是關鍵人物出現，人才群體形成，其領先中國文壇的地位自然確立，且影響必然盛大久遠：

> 及歐陽公出，以古文為世宗師；文信公之忠在萬世則。夫世之能事，孰有大於此者？而其人所在之地，烏得而不重且顯也哉！又況文章節義，一時淵焉林焉於此，天下又得以其顯之先者傲江西乎？亦其發之遲也，固有大而盛且久者存焉耳。此理之常也，故我永樂、宣德之間，猶彬彬號江南鄒魯。

羅玘還指出，如今江西文學之所以今不如昔，關鍵在於江西文人「自退」「自損」，不求上進，固步自封：

> 是時不獨吾江西之士自以為差強於天下，而天下之人亦

必自以為不如也。若夫今則大異矣。而吾之出而仕者亦既陰察而痛之。蚤夜恐恐焉以自退而其岸岸焉，游於學者，殆必不聞不痛也，能不冒其昔之聲，稱以嬉以傲天下乎，正自損耳，吾懼焉。幸吾友太史蘇君往督學，轉移覺痛之機又在君也。君去，吾於此而謹竢之有來謂吾士也。今蜂然若追奔焉，以成仁取義為的求至之，而又痛自磨洗，毋為鉤棘軋茁逐時之好以射進，則如歐文二公者，且將復出君門下矣。江西聲稱之損，其將不自君之張之而復振乎館閣，諸賢皆以是望君賦詩為別，吾又望之切者也，又特為序。

因此，他希望蘇君督學江西，能給江西文壇掃除積弊，帶來轉機，為振興江西文壇的領先地位而努力發現和培養人才。文章充分表達了一位江西籍朝士對家鄉文學興衰的憂患意識和強烈的責任感，即使現在，也有啟迪教育和激勵作用。

二、何喬新

何喬新（1427-1502），字廷秀，一字天苗，號椒邱，廣昌人。景泰五年（1454）進士。官至刑部尚書。賜諡文肅。著有《椒邱文集》等。

何喬新從小就聰明好學。《明史》卷一八三記載「喬新年十一時，侍父京邸。修撰周旋過之，喬新方讀《通鑒續編》。旋問曰：『書法何如《綱目》？』對曰：『呂文煥降元不書叛，張世傑溺海不書死節，曹彬包極之卒不書其官，而紀羲軒多采怪妄，似未有當也。』旋大驚異。」小小年紀就有這樣廣博的學問和過

人的見識。長大後，何喬新更加發奮讀書，聽說別人有奇書、新書就去抄借，日積月累竟有三萬餘帙。他尤其喜愛韓柳的敘事文和歐蘇的議論文。《論學繩尺序》中寫到他少時從事舉子業，曾「以歐蘇諸論為法，乃可以脫凡近而追古雅。予因取歐蘇諸論，熟讀之間，仿其體擬作一二，出示同舍生，莫不駭且笑之」（《椒邱文集》卷九）文學理論上，也深受他們的影響，尤其強調「華實相副」，即文道應並重。認為「道其根本，而文其華葉也。文不本於道，是猶無根之華葉，朝榮夕悴。乃所謂小技也」（《桂坊稿序》，《椒邱文集》卷九）；即反對那種「有志於修辭」而「於道無聞」的近代之文，也反對那種「有志於明道」而「未能脫離語錄之餘習」的作品。明初以來，文道合一的思想將散文的寫作引入了死胡同；科舉制的發展，又造成時文僵化，文體卑弱。此時，何喬新提出「華實相副」、文道並重的觀點，實際上是對文道合一思想的撥亂和修正。

《椒邱文集》內容廣博繁雜，包括了何喬新的各類著述。其中「策略」即科舉之學，反映了作者經世致用的文韜武略，議論宏富，貫通古今。「奏議」為有關案件處理的奏摺，記敘詳明，議論精當，較為真實地反映了當時官吏犯罪和地方社會治安的某些狀況。「史論」則為一事一論、就事論理的短篇，常表現出作者獨到的見解和忠君愛國的情懷。如《以王安石參知政事議行新法》（《椒邱文集》卷五）：

　　王安石之行新法天下，後世攻之，不少怒至，或詆為奸邪。予謂安石，徇其學術之偏，以成誤國之禍，信有罪矣，

然謂之奸邪則過矣。安石之意，蓋以欲行王政，當先致富強。而宋之中葉，帑藏耗竭，兵衛寡弱，不足以有為也，於是以其所學於古者而施於政。凡可以富國強兵者無不為。其青苗法，則曰先王權制兼併均濟，貧乏之意也；其行免役法，則曰先王致民財以祿庶人，在官者之意也；其行保甲法，則曰先王寓兵於農之意也。不度於時，不謀於眾，斷斷然自信所學，而不疑及群議譁然，堅執不回，於是老成者斥，巧佞者進，卒至群奸肆毒，禍流海內，安石之罪其何辭！

然原其初心，則欲致富強以行王政，而非欲殘民生，如商鞅、桑弘羊、宇文融之所為也，議者比而同之，豈萬世之公論哉？若曰周禮周公所作也，凡安石所建立皆本於周禮，而其禍若此，然則周禮果不可行乎？曰：不然。周公之法，無不善，所以因時制宜者，存乎人；譬之和扁之方無不良，所以診脈用藥者，存乎醫。先王知法之不可獨恃也，故數求哲人以守其法焉。庸醫用藥以致殺人，不可歸罪於和扁之方；庸人用法以亂天下，又豈可歸罪於聖人之法乎？……安石不知求人，而徒欲恃法以為治，是知良方可以療病，而不知非良醫不能用方也。

何喬新並不和眾人一樣以偏激的態度來對待王安石變法，斥之為「奸邪」。他認為王安石的本意是為國家民眾出發，而推行新法失敗的原因不在於新法本身，而在於他過於「自信所學」，「不度於時，不謀於眾」，好比「良方可以療病，而不知非良醫

不能用方也」。其它如《元徇饒州故相江萬里死之》，感歎江萬里死節；《殺宋少保樞密使信國公文天祥》更是義正辭嚴，批駁前史的謬論：

> 宋養士三百年，遭時變故，以忠節自奮者，蓋多有之，然未有若文天祥之烈者也。自其起兵入衛，志圖恢復，間關嶺海，出入死生，略無毫髮怨悔之意，至於兵敗身執，拘囚燕獄，臨之以威而不挫，誘之以利而不動，卒之從容就義，視死如歸。其遺跡傳播後世，雖蕘童牧豎亦知其為烈也。
>
> 前史謂天祥意廣才疏，卒以窮死，是殆不然。觀其舉兵之初，文武英賢皆羅致幕府，而耕畎峒丁盡詣轅門，請自效者以萬計，非有撥亂之才者不能也。及在行都，陳分地建閫之策；在真州，與苗再成論兩淮合從之計。才疏者有是乎？天果祚宋，則其策必行，其計必用，其功必可成矣。彼陳宜中沮之于前，李庭芝疑之於後，蓋以天不祚宋故耳，豈可以是歸咎天祥哉？雖然，成敗不足論，論其所得而已。天祥一死，而其精忠大節耿耿然與日月爭光，雖死猶不死也。彼偷生苟免者，至今人猶唾罵不已，是不忍一死而繼之以百千死矣。嗚呼！自古皆有死君子，尚思死忠之為烈哉！（《椒邱文集》卷八）

文天祥以忠烈之士名彰青史，婦孺皆知，「雖蕘童牧豎亦知其為烈也」。可前史卻荒謬以為「天祥意廣才疏，卒以窮死」。陳喬新從正反兩面駁斥了這一謬論，認為「其精忠大節耿耿然與

日月爭光」，相反那些苟且偷生之人「百千死矣」。

「雜文」包括序、記、賦、書、銘、贊、題跋、傳、雜著等，最具文學價值，內容、題材亦無所不包，上至朝廷大事，下至一己私情，以及地方民情風尚，皆在敘寫議論之列。文風或嚴謹而簡潔，或雄渾而典雅。如《送方伯李公赴江西序》（《椒邱文集》卷十）：

> 蓋江右之域，彭蠡之匯，《禹貢》記之；匡廬之勝，詩人詠焉。其生齒之夥，賦財之殷，實東南一都會也。人喜學問，故其君子敦潔而有文；俗恥險詐，故其小人質直而務義。民多土著，故椎埋盜奪之奸，無所容於其間；地多良田，故水旱螟蝗之災鮮。財賦甲於諸藩，而時輸歲貢者，未嘗愆期以累其官長。當正統、景泰之際，環江右之境，若閩若浙若廣，相煽繼變，而此邦晏然，無烽燧鐃鏊之警。是雖賢牧伯撫循之功，而風俗之淳亦可見矣。近時為方伯者，往往以民訟紛遝為言，以予察之，蓋亦令長之聽不當其心故耳。有能當其心者，公庭終歲闃然，寧至於曉曉以煩牧伯之聽耶。故予嘗論諸藩民俗，惟江右為最淳，而政化之敷，亦惟江右為最易也。

文章作於成化十二年（1476），在作者眼中，自己的家鄉——江西，山川是那樣的秀美，風俗是如此淳樸，財富是如此殷實，儼然「東南一都會也」，浙江、福建、廣東都無法與之相比。雖然本文不無江右文人好抬高本省聲望、貶抑他籍之嫌，但

也確實反映了江西的文明程度和人民安居樂業的狀況，認為能為李公新政帶來極大便利。一片鄉情，難能可貴。

何喬新還有辭賦十餘篇，多為應酬之作，以軒、齋、竹、堂等為描寫對象，如《衍慶堂賦》、《秋蘭賦》、《鉤勒竹賦》等，體物寫志。此外還有好幾篇的續作和仿作《歸去來兮辭》，均為送師友退隱而作，如《和歸去來辭送李先生》（《椒邱文集》卷十五）：

歸去來兮，倦遊廿載今始歸。幸夙心之既遂，胡喜極而更悲。設供帳於都門，紛冠蓋其予追。望層峰於雲際，疑家山而猶非。僕夫歌以促駕，稚子笑而牽衣。問歸路以猶緬，悵屢歌乎式微。

故廬在望，歸心欲奔。白雲承宇，蒼松蔭門。石徑未荒，岫幌猶存。良朋在座，新醪滿尊。道故舊以共醉，春風盎其在顏。喜菟裘之已營，知蝸室之足安。葺芳杜以成帷，攬碧蘿以為關，臨瀘水以洗耳，登書台以遐觀。鴻冥冥以高舉，雲冉冉以孤還，歲晼晚其將暮，攀桂枝而盤桓。

歸去來兮，訪昔日之釣遊。浮世憺其相忘，外物廓乎無求？蔭茂樹以自適，玩遺經以忘憂。田翁告予以有年，黍稷薆其盈疇。或山而屐，或水而舟。緩遊儵兮碧澗，擷芳實兮椒邱。招白雲於遠岫，弄明月於清流。念歸老於田園，信造化之餘休。

已矣乎！出處進退信有時，彼懷祿而幹進留，老將至矣竟安之。襲高風於表聖，踐芳躅於榮期。或乘月以長嘯，或

迎春以載耔。歌白駒之雅調，和招隱之新詩。功成而身退，
超然物表夫何疑。

文章完全仿製《歸去來兮辭》，格式和語句都沒有太大變
化，文學價值沒有雜文高，但在文中除代師友抒寫歸休之樂外，
表達了自己的欣慕嚮往之情。另外《石鐘山賦》（《椒邱文集》
卷十五）也寫得雄奇譎怪，不與別人雷同。先交代作文緣由：

　　彭蠡之口有石鐘山焉，蘇文忠公辨之詳矣。士大夫喜幽
尋而樂勝選者莫不遊焉。景泰六年春三月，予與今夏官郎中
王君尚忠俱以進士奉使江南，尚忠家湖口，邀予艤舟絕壁之
下，以訪其所以謂石鐘者。水石相激，響若洪鐘，始信昔賢
之言不誣也，因為賦之。後十有二年，尚忠出示舊稿，俾重
書之。因歎予學之不進，而悼勝遊之難再也。乃刪其辭以歸
之云。

接下來便是對石鐘山的描寫：

　　乙亥之歲，暮春之夕，予與王子泛舟澄湖，艤於絕壁，
援危藤，磴懸崖以訪昔賢之遺跡。於時天和氣清，江空月
明，魚龍咸伏，波濤不驚，縱予目以遐覽，舒懷古之幽情。
但見怪石嵯峨巉嶸，磈礧崢嶸，奇形異狀，不可殫名。或如
鳳如螭，欲蟠欲飛，或如鬼如獸，將行將驟。岩嶈霏（上雨
下對）拂藍撲黛，穴𥔥豈欽。雲歛雷異哉石乎！蓋造物者之

所胚胎也。俄而微雲生於廬阜，長風來乎太空。驅濤擁瀨，吼鯨躍龍。爰有洪聲，發於水中，殷殷喤喤，如遊舜庭而聽鏞鐘之撞。鏘鏘鍧鍧，如入周廟而聞無射之聲。填兮若雷，颯兮若雨，又如卻至使楚，而金奏作於下。

石鐘山的石塊是如此險怪，響聲更是有時「殷殷喤喤，如遊舜庭」，有時「鏘鏘鍧鍧，如入周廟」，何喬新筆下的石鐘山與他人的描寫自是不同。

三、夏良勝

如果說，何喬新主要學歐蘇，羅玘主要學韓愈，那麼夏良勝便既學歐陽脩，亦學韓愈。

夏良勝（生卒年不詳），字於中，號東洲，南城人。正德三年（1508）進士。歷任刑部主事、吏部主事、考功員外郎、茶陵知州等。入仕後，他忠於職守，敢於進諫，也因直諫兩遭貶謫，但「風節凜然」（《東洲初稿》提要）。著有《東洲初稿》十四卷，《四庫全書總目》對夏良勝的評價是「其詩文無意求工，而皆嶽嶽有直氣。雖不以詞藻著名，要非雕章繪句之士所可同日語也」。如《答圭峯先生》（《東洲初稿》卷四）一文：

某固知事有窮戚，非奮激不足以動聽。然而大臣宰相之言，自有雍容一堂氣象。狄公袝姑於廟，非不知廬陵王立而武氏亦無袝廟之宜典；錢惟演恨不於黃紙押班，何如人也？王「太子安則劉氏安」之言，或假之為道。使二公之所為

者盡非也，某則不敢云爾也。然某亦非欲苟祿而軟美以諧人
者。但先生舉動天下後世視以為則，必天下後世無絲髮可議
而後安也。某知先生事浮于言者，故先意輒劾狂直如此。

文章闡述社稷之臣，當以國家安危為重，不可知難而退，輕
言去就；自己願意以身試法，奮勇進言。夏良勝的確也是這樣做
的。在任考功員外郎時，明武宗正熱衷四處巡行，置朝廷大事於
不顧，一味地尋歡作樂，夏良勝和和當時的禮部主事萬潮、太常
博士陳九川一起上疏諫止。與此同時，舒芬等人也上疏勸諫。明
武宗勃然大怒，下令把夏良勝等人關進監獄，還在金鑾殿的臺階
上帶枷罰跪五天，然後削去官職，貶作平民，當時，人們把夏良
勝等四人稱作「江西四諫」，讚賞他們的氣節風氣。夏良勝不僅
自己奮勇進諫，同時在文中他還希望羅玘能垂範天下，無愧後
世。夏與羅為摯友，兩人書信往來很多。後來羅玘投書恩師李東
陽，責以大義，亦表現出文人的氣節，或許與夏良勝的進言不無
關係。

夏良勝的散文，語言質樸，不事雕琢，但情真意切。如《謁
何椒邱先生墓文》（《東洲初稿》卷五）：

　　人有越千里而交、百世而通者，神也氣也。非因心之
感，則跡似之求也。良勝於公，一何有哉？而夢寐見公者屢
矣！南不夢駝，北不夢象，非所見也。良勝後公生數十年，
公所居又去數百里。稚聞公名，長得公文字，間思欲見之，
而公不可作矣。是故每異夫夢之無從也。雖然，公在鄉為賢

士，在廷為名臣，神氣在天下若日星，具目者所共見也。周官三夢，有所簡夢者謂志所向也，則天下之夢見公者固多矣，況良勝為鄉之後進者哉！

以神牽夢繞的相思為線索，寫夢中所見，夢之無從，抒發對何喬新的懷念、追慕的情意。此外夏良勝為亡親血屬撰寫的墓誌銘、祭文、行狀等，也是通過敘寫死者生前的瑣事細節，表現人物的思想個性以及自己的緬懷思念之情，如《告亡妻遷柩文》（《東洲初稿》卷五）：

嗚呼！吾妻事吾十有八年，裴忱救愆，情誼種種，吾何能以言。隨吾來官，違爾母，遠爾兄弟，挈爾女，去家又幾萬里，冀康於祉。以沒吾齒，以吾積咎，為天所棄，禍爾女，爾慟無已。爾婦人也，兒女之情，吾不能迪爾以理，爾竟坐是亦大病矣。吾何歸怨，降割在帝，若茲其淫與熾。

嗚呼！旅魂搖搖，歸路且邈。吾羈於官，尚未能歸，爾於故山之腰，爾柩在僑，吾豈忍薄而實，於茲之沉瘳，但喪事即遠，有進無退。吾於父母，已奄然就竁，獨於爾焉泥人，將謂吾情莫之制，而為禮之贅於是。訊於友朋，斷於衷臆，遷爾於郊，且以示吾歸爾之志。一函骨月，寒則漸燼。爾靈英英默相左右，則固吾之嬪也，吾豈忍義忘情於爾也耶？窅然一室，爾柩所存，先列一具為塗安人。安人之夫，吾同鄉也，同官也，有兄弟之義。爾與安人亦兄弟也。情之同死亦生也。爾其安之，而精爽惟吾之依。近有家音，吾兄

爾弟，俱云來斯，兄來為吾弟，果為誰欲輔爾棺，而吾偕以歸，此情此誼，庶或無違，而異時同穴可質以稽。嗚呼！吾豈忍義忘情於爾也耶？

此文為亡妻遷棺而作。回憶亡妻和自己在一起時的辛勞，「隨吾來官，違爾母，遠爾兄弟，挈爾女，去家又幾萬里」。隨著回憶，亡妻對己的情意也一幕幕浮上心頭，作者悲傷不能自已，數次而發「吾豈忍義忘情於爾也耶」，讀來令人動容。文筆細密，寫得哀婉動人。

而其《銀溪橋記》（《東洲初稿》卷三）則在寫景狀物方面很有特色，讀者看過後覺得銀溪如在面前呼嘯奔騰：

> 離奔坎行，鬥折數十里，勢悍駛，或滰洞射擊，或組織練帶，或擁石而下，或束峽飛灑。驅潮卷海，其聲如響佩，環如鳴球，大震林穀。撼嶽如吼虎，直下數千仞。至桂湖，凡七折，而燕石橫溜淳溜，不異離實時，故名白水，又名銀溪。

夏良勝用比喻、排比等多種修辭手法，不出名的銀溪在作者筆下竟然顯得氣勢磅礴。

第二節 ▶ 講學諸子之文

一、羅洪先

羅洪先（1504-1564），字達夫，號念庵，吉水人。據《明史》卷二八三，年十五，讀王守仁《傳習錄》，好之，欲往受業。嘉靖八年（1529）舉進士第一，授修撰。即請告歸。十八年，召拜春坊左贊善。明年冬，與司諫唐順之、校書趙時春等上疏請來歲皇太子出禦文華殿，受群臣朝賀。時帝數稱疾不視朝，諱言儲貳臨朝事，見洪先等疏，大怒，遂除三人名。

洪先被除名後，更加鑽研守仁學說，自稱其私淑弟子。史稱：「考圖觀史，自天文、地志、禮樂、典章、河渠、邊塞、戰陣、攻守，下逮陰陽、算數，靡不精究。至人才、吏事、國計、民情，悉加意諮訪。曰：『苟當其任，皆吾事也。』（《明史》卷二百八十三，列傳第一百七十一《羅洪先傳》）」由此看來，羅洪先博覽群書，與王陽明有近似者。他又曾認為：「儒者學在經世，而以無欲為本。惟無欲，然後出而經世，識精而力巨。（《明史》卷二百八十三，列傳第一百七十一《羅洪先傳》）」因為志在經世，故所為文，論學論事，頗多經世之言。著有《念庵文集》二十二卷。

羅洪先當陽明之學盛行之時，又值七子倡言詩文復古之時，為學為人都受時風影響。其門人胡直為其文集作序云：「先生之學凡三變，而文亦因之。先生少學文，仿李空同，棄之，曰：『是未見端委者。』既入宮寮，又與唐荊川、趙浚穀相講磨，大

放於文。久之，語直曰：『吾無意為之矣。』移答友人，取譬於水，曰：『古之人有能之者，必其中有自得，實見斯道之流行，無所不在，雖欲不為波濤湍瀾之類，不可得也。』以是知先生之於文，所謂一以貫之者也。」（《念庵文集》原序）從胡直所言看，羅洪先的文學主張，在其文學實踐的過程中有三次較大的變化。開始他效法李夢陽，反對虛浮的臺閣體，提倡復古。但後來覺得復古派一味強調「文必秦漢，詩必盛唐」，專從字句上去模擬古人，既使作家思想受到束縛，又使作品脫離現實，便自覺地放棄了這種文學，加入了唐順之、歸有光等唐宋派的行列，主張為文「開口見喉嚨」，反對摹擬古人。晚年他漸趨成熟，自成一家，強調文章內容必須而且應該是作者心中「自得實見」的自然流露，這就使得他的散文無論在思想內容或藝術上都不同於明初那種「文道合一」思想束縛下的作品。

羅洪先的散文，與朋友、時人、門生討論學術的居多，說教成分重，但心平氣和，援譬引例，富於形象和思維，如《寄歐南野》、《與劉靜之》等。《閒書》、《書壁》、《示後生》為警世格言體，於人生亦多有益。而為世所稱者有晚年所作的《冬遊記》、《夏遊記》。所謂「遊記」，但很少山川風物的描寫，實為旅行日記，記敘自己與朋友遊學的經歷，且多載朋友燕集論學說理之言，洋洋灑灑，每篇五六千言，疏於剪裁，但有些片斷描寫，富有情趣和理趣。如《冬遊記》（《念庵文集》卷五）：

　　已而三人皆分宿各方丈。余與南山、龍溪連臥禪榻上。因論告子義襲之旨。龍溪曰：「學問識得真性，方是集義。

不然，皆落義襲矣。」余因請曰：「兄觀弟識性否？」龍溪曰：「全未。」因與南山歎曰：「如此，則吾輩已非集義，終日作何勾當？可不省哉？」因各惕然自懼。

臥在禪榻上，討論告子義襲之旨，頗有點滑稽和虔誠。王龍溪納之於禪理，甚是機敏。而羅洪先對於自己終日學問竟未能全識人之真性而感到困惑，進而省懼。質樸的對話描寫中，人物的思想性格躍然紙上。羅洪先雖學宗「良知」，但晚年不免入禪，故其「良知」與「集義」貫通為一；而其靜觀本體的學問方法，也在這段文字中得到形象的展示。

羅洪先之文最可稱者，不在辨析理趣的遊記，而在紀實的文字。《水厓集序》（《念庵文集》卷十一）可以為例。其言曰：

自聖人之道不明，學者往往溺於神仙之說，大要握固守氣可以遺世而久視。故貪生與廢務者必趨之。彼方守氣，其於向人出一語已為損漏，矧肯與世酬應、役役文字間哉！惟呂純陽、白海瓊則各多所著述，然皆縱逸不範法度，又出入變幻於怪異之事，不過偶以自適，而溺者傳焉。如以質於聖人之道同不同，奚足辨也？然聞其說而不動於心者甚鮮，彼蓋確乎有遺而此失所主，吾嘗即是以測人之淺深，未有不驗者也。

弘治間京師多傳尹蓬頭。尹善絕粒，每食輒又數升。不畏寒暑，或雜乞丐宿閭閻下，人無異者。而士大夫爭邀致之不去；顧時時假館於水厓彭公。公是時為南京刑部，尹來必

索食，食已，相對危坐。間出幻術相調，複試以隱語。後公出守兗州，尹涕泣別去。於是人皆疑公得仙。比為布政使去位，無以為家。年八十餘，氣甚壯盛，日飲水數碗。人益疑之。余往見公，公好議論，張髯傲視，語琅琅終日不休。公既卒，讀所遺詩文數百首，皆據理道，關風俗，其意欲追作者之軌度，是豈有所溺者哉？當公守官時，侃侃持法律，多忤人，人遂以是尼之。故其官止於方伯，不大顯。而公於去就無少。尹之戀戀，蓋知其中有所主，而世之視公者，真若羽化獨立，無複塵埃垢穢之跡，然公固不以是自多也。

余獨悲世之溺仙者，其遺世反不若公，而取材於世者，其識公反不若尹。余又以悲世之溺者固不在仙，而仙之於世，當亦恒悲其鮮所遇也。夫以神仙之說、人所易溺者，猶且如此，又況為聖人之道者耶？

余幸生公之鄉，而先大夫複在莫逆，既得見公，又得論次行事於墓石，茲複集其詩文若干卷藏之家，因敘其所存，且以悟人之疑者。

這是一篇集序，卻從世人之「溺於神仙」說起。不講水厓其人的生平事蹟、詩文造詣，而單述尹蓬頭的一段故事，有如傳奇。作為集序，寫得十分別致，也頗有情致。

羅洪先最有情致的文章是哀祭一類。例如《告衡山白沙先生祠文》（《念庵文集》卷十七）云：

某自幼讀先生之書，考其所學，以虛為基本，以靜為門

戶，以四方上下往古來今穿紐湊合為匡郭，以日用常行分殊為功用，以勿忘助之間為體認之則，以未嘗致力而應用不遺為實得。蓋雖未嘗及門，然每思江門之濱、白沙之城，不覺夢寐之南也。已而聞先生之言，以未至衡山為念，至死而猶不忘，蓋雖未嘗出戶，然每思祝融之巔、紫蓋之上，誠不覺神爽之西也。

比來獨，居自無友，於是出遊三湘之上，蓋雖未嘗近先生之所居，而已得先生之所未至。然又思，不知所謂至死而不忘者果何所為，即悵望於七十二峰之間無益也。先生之祠先一年而成，某之遊後一年而至，豈果有待也耶？又自思力弱志卑，恐不足以承之也。先生其啟之否耶？

洪先於白沙「雖未嘗及門」，但由於幼時的愛好和鑽研，對於白沙之學概括得非常全面，頗似得其真傳。並多次提及「至死而猶不忘」，筆間有淡淡的傷感。

羅洪先寄寓情感更為濃烈的文字，還有《祭鄒東廓公文》（《念庵文集》卷十七）。其文曰：

嗚呼先生，豈可一日少哉！方陽明公之存也，傳良知之說者各以其意為解，惟先生則獨公之言是述。及陽明公之沒也，承良知之統者各以其資為的，惟先生則獨公之言是守。故始而青原，繼而復古，終而複真，以及安成之四鄉，吉安之諸邑，無處而非講學之所，亦無處而非講學之人。而良知之發明至於今二十有五年，日以昌大而不廢者，誰之力歟？

蓋述公之言非難，舉其言而不雜為難；守公之言非難，信其言而不疑為難。自紹興之後，使人無疑於師說者，惟先生一人而已。今斯已矣！良知之說滿天下，求其亹亹不倦如陽明公者不鮮歟？良知之說聞天下，求其深信不疑如先生者不尤鮮歟？

故始而先生之病也，通邑之人莫不身禱以冀其稍延；及先生之沒也，通邑之人莫不巷哭以悲其不再至。是乃知先生之學與萬物為體，先生之身與天下相通，是豈可一日弗存也哉！

某聞教二十餘年，以匡病不出戶者三年餘矣，亦思此身稍健，必思繼先生之業以畢此生，而先生以道自任，引誘不怠，曾幾何時，遽至於此！然則九邑之間至可悲者，孰有如某者哉？先生事業文章在天下，天下之人皆知誦之，乃今獨悲先生之身者，為斯道、為斯世有不在於事業與文章也。先生其亦自惜否乎？

東廓鄒守益，卒於嘉靖四十一年（1562），後二年，洪先亦卒。這篇祭文，已是洪先晚年的文字。鄒守益一生，事業文章可稱者不少，而洪先獨舉其信守陽明之說一事，這不是偶然的。在陽明身後，陽明之學的命運，也像古往今來的各種學說一樣，真正信守不移者是不多的，洪先也希望自己能夠「必思繼先生之業以畢此生」。洪先對於東廓為人為學是敬佩的，故祭文寫得一往情深，筆墨淋漓。「先生其亦自惜否乎，」筆端已不是傷感而是痛惜不已。

在洪先的全部文章中，哀祭之作是最富情感的，不同於他的推理文字。他的雜文類作品，有的能干預社會現實。如《圃答》（《念庵文集》卷六）：

世每言稂莠荊棘，害嘉種，損美材，故餘在圃，見即誅之。又從而根柢之，蹊徑濯濯矣，圃不加茂。怪以問老圃，老圃曰：「嘻。荒枝敗葉之未除也。彼荒而敗者，外強而燥，能耗滋液，邪側傾壓，眾以見迫，沾塗附影，難為扶披。雨久腐沮，侵淫氣脈，故存之不為益。且夫不殺不生，不虧不盈，新者漸進，故者必更，以裕民用，以章天刑，故去之非不情。若使美惡並蓄，犄角相伏，縱益以年，不能蕃育。君未嘗其毒爾矣。於是爪之剔之，斧之劈之，曾不逾旬，目有華滋」。余曰：信如老圃言！世之冒同類而貽其害者，獨草木哉？彼荊棘稂莠者，蒙其名者也；不察於利害之實，而徒以名焉者，於圃且不可，如世何？

文章闡明瞭對於害嘉種、損美材的稂莠荊棘，不僅要斬草除根，而且要清除其荒枝敗葉的道理。並借苗圃之事，引申到社會現實，「世之冒同類而貽其害者，獨草木哉？」立意深刻，具有很強的思想性和現實意義。

二、何廷仁

何廷仁（生卒年不詳），初名秦，以字行，後改字性之，號善山，於都人。早年崇尚陳獻章「心即理也」哲學，後王守仁鎮

守贛南，講學虔台，四方學者移歸之。何廷仁說：「吾恨不得為白沙弟子，今又可失之耶？」（《江西通志》卷 94）他一接觸王陽明的一為萬物一體之論及致良知之說就豁然開朗，治學不務外馳，專求心性。王陽明在南浦，則左右於南浦；在越，則左右於越，成為最善於推演師說的江西王門弟子之一，《明史》卷二八三稱：「人語曰：江有何，黃，浙有錢、王」。著有《善山集》、《善山語錄》等。

何廷仁的文章多闡述性理之學，但有的能觸及社會現實，評議朝政。他的《善山語錄》（《明儒學案》卷十九）記錄自己習理的一些片段只語，頗有含義，如：

> 聖人所謂無意、無情者，非真無也，不起私意，自無留意、留情耳。若果無意，孰從而誠；若果無情，孰從而精？是堯舜不必惟精，孔子不必徙義，改過矣。吾故曰：學務無情，斷滅天性；學務有情，緣情起釁，不識本心。二者皆病，有意固謂之意，見而必欲求為無意，是亦不可謂非意見也是。故論學不必太高，但須識本領耳。苟識本領，雖曰用意，自無留情；苟不識本領，雖曰欲無意，只是影響。或謂求之於心，全無所得日用云，為茫無定守。……苟有欲焉，雖閉關習靜，心齋坐忘，而其心未嘗不動也。苟無欲焉，雖紛華雜擾，酬酢萬變，而其心未嘗不靜也。動而無欲，故動而無動，而其動也自定；靜而無欲，故靜而無靜，而其靜也常靜。動定靜定庶矣。

明後期的散文

　　萬曆以後，隨著統治階級內部政治鬥爭和社會矛盾的日趨激化，以及科舉制的腐敗，江西文人的思想興趣發生變化，創作主體主要是中下層文人。一方面，出現了以劉元卿、祝世祿為代表的退隱山林的文人，他們在欣賞、流連山水自然的同時，以王學、禪學為思想武器，深刻地觀照和批判著社會現實，呼應著明代文壇復古與革新的鬥爭，推動著寓言小品、山水遊記等散文的發展。另一方面，又出現了以豫章社成員「江右四家」為代表的在明末文壇上衝鋒陷陣、搖旗吶喊的鬥士，他們在撫慰科舉制給自身所帶來的創傷苦痛的同時，舉起了唐宋派的旗幟，以振興時文為己任，有力地推動了明代古文理論和散文創作的發展。還有一位不可不提的大人物是湯顯祖，他不僅戲劇創作一流，散文也給我們留下很多優秀的篇章。

第一節 ▶ 劉元卿　祝世祿

一、劉元卿

劉元卿（1544-1609），字調父，號瀘瀟，安福人。隆慶四年（1570），舉於鄉試，第二年試對策，極陳時弊，主考官不敢錄取。宰相張居正聽說劉元卿針砭時弊的事情，大發雷霆，命令考官嚴加斥責，並且派人秘密刺探他，幸虧主考官說情才沒有問罪。曾師事王守仁弟子劉陽。後被舉薦為國子監博士，擢禮部主事。不久引疾辭歸。他著述極為豐富，有經學、史學、儒學、文學著作達幾十種之多，其中文學著作有《山居草》、《賢奕編》、《瀘山續草》以及《劉聘君全集》等，為「江右四君子」之一。

《四庫全書總目》卷一七九稱「其詩文乃多慶弔之篇，罕見闡發理道」。這說明明代以來那種強調「文道合一」、注重道德說教的文學理念在學者文人筆下已經淡化，他們更注重敘寫世俗人情。但是，在另一方面，作為王陽明學派人物，劉元卿所「罕見闡發」的「理道」，亦只是程朱理學而已。門人汪宗泛謂「其序記、志銘、傳注、奏疏之屬，篇篇非關治統，則關道統。情含鏡花水月，理析蠶絲牛毛」，「真已樹赤幟，登杏壇，磔牛耳，以為盟主不忝。」此言或有誇大溢美，但他指出了一個基本事實，即劉元卿的散文具有較強的批判性和現實性，在當時江西文人中獨樹一幟。

劉元卿作品中最具思想性和文學價值的還是寓言。其在古代寓言史上佔有重要地位。誠如中國寓言文學研究會副會長馬達所

論：「寓言雖然遊戲三味，卻可稱度世金針。明代的趙南星、劉元卿、江盈科，清代的石成金、吳沃堯等都是非常傑出的詼諧寓言作家和笑話家。」湖南教育出版社出版的《中國古代寓言史》更是以整整一節的篇幅專題介紹了劉元卿的《賢奕編》。其寓言內容一是諷喻社會現實。如名篇《猱》（《弇州四部稿》卷111）：「獸有猱，小而善緣，利爪。虎首癢，輒使猱爬搔之。不休，成穴。虎殊快不覺也。猱徐取其腦啖之，而汰其餘以奉虎，曰『餘偶有所獲腥，不敢私，以獻左右』，虎曰『忠哉猱也，愛我而忘其口腹，啖己又弗覺也』。久而虎腦空，痛發，跡猱，猱則已走避高木。虎跳踉，大吼乃死」。這則寓言堪與《黔之驢》、《狐假虎威》等名篇媲美，虎不就是和芸芸眾生一樣，喜聽小人諂媚，給己帶來危害也不覺，最終喪命猱爪。《盲苦》也是如此：

> 有盲子過涸溪橋上，失墜，兩手攀墩，兢兢握固，自分失手必墜深淵。過者告曰：『無怖，第放下即實地也』。盲子不信，握墩長號。久之，手憊，失手墜地。乃自哂曰：「嘻，蚤知是實地，何久自苦耶？」

有的人雖然不是瞎子，但是平常遇到某些事情，實際上卻很像這個故事中的瞎子所表現的。作者諷刺了那些由於不瞭解實際情況，心中無數，所以做事沒有把握，畏首畏尾的人。還有一篇我們都很熟悉的《從三到萬》：

有田舍翁，家資殷盛，而累世不識『之乎』。一歲，聘楚士訓其子。楚士始訓之搦管臨朱。書一畫，訓曰：『一字』；書二畫，訓曰：『二字』；書三畫，訓曰：『三字『。

其子輒欣欣然，擲筆歸告其父，曰：『兒得矣，兒得矣；可無煩先生，重費館穀也，請謝去』。

其父喜，從之。具幣謝遣楚士。逾時，其父擬徵召姻友萬氏者飲，令子晨起治狀，久之不成。父趣之，其子恚曰：『天下姓氏夥矣，奈何姓萬！自晨起至今，才完五百畫也。』」

這篇寓言深刻地諷刺了那種愚昧無知卻狂妄自大的人，對那種望文生義、淺嘗輒止，毫無刻苦精神的學風簡直是一篇判決書。諸如此類，無一不是對當時達官貴人、富人惡人的鞭撻批判，對庸人俗人的冷嘲熱諷。

內容二是批判程朱理學，反映自己的思想學說。如《鰥媒》，通過乞兒毆打母親的故事，揭露口唱孝義者的「孝義」只是雙重標準，只用來對人而不對己。《趨炎》通過孝子王祥和俠盜各自冬天臥冰捕魚的故事，說明孝義道德也不能挽救趨炎附勢的頹廢世風。而《欲生於性》尤其滑稽深刻。這則寓言寫深山老僧攜未曾經世的幼徒下山，入市教他一一識記事物。忽見倚門而立的妓女，幼徒不識云何。僧師曰：「此老虎子也，善食人，宜謹避之。」暮歸山，老僧問幼徒今日所見最愛何物，幼徒徐思曰：「吾終愛老虎子也。」作者緊接著議論說：「佛氏謂情欲即性命，豈不誠然？顧所謂性也，有命焉，更須深透一步，不然，

甯不藉口於性命而恣情縱欲乎？」既形象地批判了道學家「存天理，滅人欲」的荒謬，又提出了不能藉口「性命」而「恣情縱欲」的命題，可謂不偏不倚，辯證周密。後者的提出，在「以情格理」為文學主流的晚明，似乎有點不合時宜。然而，這正體現出一個有獨立思想的文人所具有的高度社會責任感和深刻的洞察力。至於篇幅的短小，人物形象的鮮明，語言的生動詼諧，都是劉元卿寓言的基本特色。

二、祝世祿

祝世祿（生卒年不詳），字延之，號無功；一字無功，號石林，別號環碧齋，德興人。萬曆十七年（1589）進士，當時名儒焦竑、潘士藻對他十分賞識。官至南京尚寶司卿。後懇請致仕，往浙江天臺師從耿定向。工詩，善草書。著有《環碧齋詩集》三卷、《尺牘》三卷、《環碧齋小言》一卷。

耿定向學宗王守仁，祝世祿也遵從師說，認為萬事萬物不外於心，「心明便是天理」，為學「惟求得其心」。不過《四庫全書總目》卷一二五指出他的著作中不少地方「純以禪門之說附和儒理」，當時有人不快，說他是「叛孔氏而皈依佛氏」。看來他並沒有完全遵從其師的學說，而是有所變化發展。

祝世祿的文章能關心時政，揭露一些社會矛盾，如在《請罷礦榷第四疏》中，就明確指出國家已到「民膏已竭，國計莫支」的地步，希望當道能「輕徭薄賦」，「不盡民財」，使老百姓有個喘息的機會。文章揭露時弊，批評朝政，怨刺皇上，感情強烈，議論暢達，措辭激烈，鋒芒畢露，顯示了一個諫官的氣魄和膽

識。而《請宥言官疏》是一篇為言官王德完辯護的疏記類作品。文章從「為王德完悲」和「為皇上喜」二方面入手，層層剖析，反覆論說，動之以情，曉之以理，指出王德完「罪不可逃，意則可原」，殺之「只成臣下直諫之名，而自隘帝王天地之量。」措辭委婉，情意懇切，則顯示了一種細膩的筆法和進諫的藝術。

另外由於祝世祿晚年深受禪宗影響，「談理獨抒心得」（《四庫全書總目》卷 177）。其語錄體散文《環碧齋小言》以禪道附合儒理，充滿禪機，亦富於形象和思辯。珠璣快語，空靈高明。這種「獨抒心得」的理念，也反映在其它如書信體散文中。《四庫提要》稱其「《尺牘》更開三袁一派矣。」說明他的尺牘對公安派散文的深刻影響，頗具特色。可惜其《尺牘》今不傳。

第二節 ▶ 江右四家

「江右四家」，亦稱「臨川四家」或「章、羅、陳、艾」。《明史》卷二八八有云：「萬曆末，場屋文腐爛，南英深疾之，與同郡章世純、羅萬藻、陳際泰以興起斯文為任，乃刻四人所作行之世，世人翕然歸之，稱為章、羅、陳、艾。」他們也都是「豫章社」成員。其中以艾南英成就為最高。

一、艾南英

艾南英（1583-1646），字千子，東鄉人。《明史》稱南英「七歲作《竹林七賢論》，長為諸生，好學無所不窺」，但屢試不第。天啟四年（1624），四十二歲始舉於鄉。又因「座主檢討丁學

乾、給事中郝土膏發策詆魏忠賢，南英對策亦有譏刺語。忠賢怒，削考官籍，南英亦停三科，」終未能及第，但文名與日俱增。順治二年（1645），清兵攻陷南京，又陷江西，南英逃往福建。上書唐王朱聿鍵，任為兵部主事，旋為御史。因見事不可為，積憂成疾。翌年卒於延平，終年六十四。《明史》卷二八八《文苑四》有傳。著有《天傭子集》。

明後期文壇的總傾向是脫離現實生活，創作路子越來越窄，錢謙益起而批評這種風氣，認為「文章者，天地英淑之氣與人之靈心結習而成者也」（《初學集》卷三十一）。所謂「英淑之氣」，非指現實生活，仍然屬於唯心主義範疇。艾南英附和錢謙益的觀點，某些方面他比錢謙益更加偏激。「而文日有名。負氣陵物，人多憚其口」。「始王、李之學大行，天下談古文者悉宗之」。南英則「排詆王、李」，不遺餘力。他在《重刻羅文蕭公集序》中說：「弘治之世，邪說始興，至勸天下無讀唐以後書，又曰：『非三代兩漢之書不讀。』驕心盛氣，不復考韓、歐大家立言之旨，……太倉、曆下兩生持北地之說而又過之。持之愈堅，流弊愈廣。」南英在這裡詆七子而稱韓、歐，其主張似與歸、唐接近；並且提出提倡以古文為時文。

南英論文，不僅排詆王、李，對於兩漢之文，也多抨擊。他在《王子鞏觀生草序》中說：「今之主文，必尊兩漢，然兩漢之士，獨董子明天人、賈生識時務而已。《上林》、《子虛》、《兩京》、《三都》，讀其文不過如今之學究，據《通考》、《類要》之書，分門搜索，相襲為富，求其一言一字出於其心之所自得，無有也。《客難》、《解嘲》、《賓戲》、《七發》、《七啟》、《七辯》、

《七徵》之類，前例後師，命詞遣意，如出一轍。此與今之稚子執筆為八股文字摹仿抄襲有何差異？讀其文不終卷而使人厭惡。鄒陽獄中一書，已開六朝駢偶庸穢之習，雖太史公以千古一人，亦為其釅冶所惑而錄之。故吾嘗謂兩漢之文不必盡衰，而極衰之文亦未嘗不自兩漢始也。原其所以，是數子者非有見於道德性命之旨，能言其中之所自得。中無所得，故遂以浮華為異。而效之者又以為異而趨之。……」對於兩漢文人，南英只稱道董仲舒和賈誼，認為他們「識時務」。而從司馬相如到鄒陽一系列的作者，全不可取，無非「庸穢」、「釅冶」或「浮華」。其去取的標準，只在「道德性命之旨」，此乃道學家的觀點，立論如此，比歸、唐之評論七子，還要偏激。總的說來，他反對「文必秦漢」的擬古說，所重在「潔」；也反對因襲六朝的儷彩，追求瘦硬艱澀的玄風，所重在「雅」。他的主張，後來成為清代桐城派文論的先聲。

南英還有與夏彝仲和陳子龍論文之書，用語更為激烈。《與陳人中論文書》長達二千五百餘言，斥責陳子龍「末學」而「墮落」，「專斥歐、曾諸公」而「歸重李於鱗、王元美」，「志甚大而所師甚卑」。在《再答夏彝仲論文書》中又說陳子龍「欲尊奉一部《昭明文選》、一部《鳳洲》、《滄溟集》」，「欲盡抹宋人，即歐、曾大家不能免，可謂病狂喪心矣」。

南英稱頌歐、曾，尤其推重歐公，「千古文章，獨一史遷，史遷而後，千有餘年，能存史遷之神者，獨一歐公」（《再與周介生論文書》，《文章辨體 選》卷 248）。他的文章，確實與歐陽脩的文章十分形似。例如《論宋禮樂志》、《論宋天地合祭》、《論

宋禘祫》等篇，發端之語，皆冠以「嗚呼」，頗與《新五代史》傳論的語氣雷同。也許因此之故，李慈銘《越縵堂讀書記》乃謂「其文多談制藝，雖不免有支離處，然佳者殊近盧陵」。但實際上，南英之文與歐文只是形似，本質並不相同。歐陽脩為文，雖多感歎語氣，但他並不是絕口不言性命。他在《答李詡第二書》中曾說：「脩患世之學者多言性，故常為說曰：『夫性，非學者之所急，而聖人之所罕言也。』」（《文忠集》卷四十七）這與艾南英強調的「道德性命之旨」是大不相同的。

南英長於制藝，其文章之可稱者，也是談論制藝的序跋諸作，如《戊辰房書刪定序》、《王康侯合併稿序》、《吳逢因近藝序》、《王承週四書藝序》、《前曆試卷自序》等，對於科舉考試之弊，言之甚詳。《前曆試卷自序》一文，敘述作者親身經歷的考試情景，尤為真切。其中有云：

　　試之日，衙鼓三號，雖冰霜凍結，諸生露立門外，督學衣緋坐堂上，燈燭輝煌，圍爐輕暖自如。諸生解衣露足，左手執筆硯，右手持布襪，聽郡縣有司唱名，以次立甬道，至督學前，每諸生一名，搜檢軍二名。上窮髮際，下至膝踵，袒腹赤踝，為漏鼓數箭而後畢。雖壯者無不齒震凍栗，腰以下大都寒冱僵裂，不知為體膚所在。遇天暑酷烈，督學輕綺蔭涼，飲茗揮箑自如。諸生什伯為群，擁立塵坌中，法既不教執扇，又衣大布厚衣。比至就席，數百人夾坐，蒸熏腥雜，汗淫浹背，勺漿不入口。雖設有供茶吏，然卒不敢飲，飲必朱鈐其牘，疑以為弊。文雖工，降一等。蓋受困於寒暑

者如此！……

　　嗟乎！備嘗諸生之苦未有如予者也。至入鄉闈，所為搜檢、防禁，囚首垢面，夜露晝曝，暑渴風沙之苦，無異於小試……而予七試七挫，改弦易轍，智盡能索。始則為秦漢子史之文，而闈中目之為野；改而從震澤、昆陵成弘先正之體，而闈中又目之為老近。則雖以《公》、《穀》、《孝經》、韓歐、蘇曾大家之句，而房司亦知其為何語！每一試已，則登賢書者，雖空疏庸腐，稚拙鄙陋，猶得與郡縣有司分庭抗禮。而予以積學二十餘年，制藝自鶴灘、守溪，下至弘、正、嘉、隆大家，無所不究；書自六經子史，濂洛關閩，百家眾說，陰陽兵律，山經地志，浮屠老子之文章，無所不習。而顧不得與空疏庸腐、稚拙鄙陋者為伍，每一念至，欲棄舉業不事，杜門著書，考古今治亂興衰之故，以自見於世，而又念不能為逸民以終老。嗟呼！備嘗諸生之苦，未有如予者也。（《文章辨體匯選》卷 326）

　　這是一個場屋落魄文人悲憤痛苦心情的自我剖白，這也是一個久困場屋卻不得科第之人對科舉弊端的揭露與控訴，故《自序》之言，生動具體，委曲酣暢，再三詠歎「備嘗諸生之苦未有如予者也」，十分痛心，表現了作者才高志大，理想與現實矛盾、個性與環境衝突的痛苦。

　　南英文章涉及場屋之弊，寫得深切痛心者，還有《募修文昌閣疏》、《白城募建文昌帝君像疏》。這些文章原為募集資金、籌建寺宇而作，本來難於抒發真情實感，但南英所作，卻不同一

般，他在《募修文昌閣疏》中竟大發牢騷。如云：

> 夫物之無遺鑒者，至於神而止矣。群天下億萬之士，三歲而取其什伯之一，以貢於禮部，禮部又取天下之士，擇其什之一而為三百人，宜其為帝君所事占者，必才且賢；其所不佑者，必庸且不肖。然空疏庸腐與淫穢惡劣之人，往往紆青紫，登仕進；而高材積學、修潔自喜者，令其老死困頓而不得沾縣官之祿。即或遇矣，又遲之桑榆，使不得及其鋒而用之，以有為於天下。豈帝君之神偶不察歟？抑世固有樂醜惡、正如釋氏所稱詭詐無行誼者之神，以為是人之奧而不盡出於帝君歟？抑帝君之側有竊弄其柄若世所繪暗者、聾者與控彎之武夫、眯目昏喪、錯亂帝君之文衡、而使是人得冒濫以進歟？

對於這樣的文章，李慈銘也曾有過評論，他說：「其《募修文昌帝君閣疏》，尤令人發笑。予嘗謂今人遇窮達事，輒標一字曰命」，此固天地古今不易之理；然思天即人心，好善惡惡，人之情也，何至科第命祿，而顛倒妍媸，無所不至？是上帝直一頑冥不靈之物，不然，則『造化』二字乃全是戾氣惡氣所為，故專收庸穢惡劣之人，而苦志力學者，至使無地自立。每求此理，深不可解。讀千子此文，可破涕已。」李慈銘也是個科場不利的文人，連考十幾次才得中舉，又經五次會試才成進士，其困頓的經歷與艾南英相似，故惺惺相惜，對這類文章有此會心之語。

二、陳際泰

陳際泰（1567-1641），字大士，臨川人。崇禎七年（1634），六十八歲中進士。父流寓汀州（今福建）武平，陳際泰即出生於武平。成年後，返歸臨川，結交艾南英、章士純、羅萬藻等，共同宣導時文。他才思敏捷，據說一天能作二三十篇，先後所作竟累萬篇，「經生舉業之富，無若際泰者」（《明史》卷288）。是「臨川四家」中唯一中進士者。七十一歲除官行人，後因護故相的靈柩南行，卒於道中。《明史·藝文志》載其《太乙山房集》十四卷，今存其《已吾集》四冊等。

陳際泰倡和艾南英的文學主張，寫作時文，不惟代聖人立言，而能「變通先輩，自為面目」，有「經世傳心之意」。如《定公問一言而可以興邦一章》：

> 故曰為君難，一言可以興邦也。而奈何有樂莫予違者乎？不幾一言而喪邦乎！夫人主之言，不必盡善；而人主之意，不可使窺。誘之使言，尚不言也，而況乎止之；風之使諫，無不諫也，而又何禁焉！自古亡國不一端，然而樂莫予違者，無不亡也。即所以喪邦則所以興邦者，不愈可知也哉！夫亡國之君，亦自有才；而永命之主，獨知所懼。定公念此，思過半矣。（《欽定啟禎四書文》卷四）

借題發揮，議論精闢，縱橫捭闔，氣體渾厚。沒有一般時文空洞迂腐的陳詞，大有聯繫現實、諷諫人主之深意。他如《欲齊

其家者・二句》《學而時習之・一章》等，都是義理精醇、技法圓熟、風格古樸典雅的制藝。另外，他還寫了一些序記之類的散文，內容不一，風格多樣。如《祭相國文湛持先生文》，祭哀死者的同時，表現出自己的憂國之情，格調蒼莽悲涼。《艾千子新草序》讚揚艾南英的文品，亦肯定他的人品，理順情暢。

三、章世純

章世純（1575-1644），字大力，臨川人。天啟元年（1621）舉鄉試，授翰林孔目。崇禎年間，年已七十的他任柳州知府。明朝滅亡後，悲憤而卒。著有《章柳州集》四卷、《章大力先生集》一卷等。

章世純雖然在政治上不大得志，但在文學藝術方面卻名聲顯著。他博學強記，「運思尤銳，其詁釋四書往往於文字之外，標舉精義，發前人所未發，不規規於訓詁，而亦未嘗如講良知者，至於溷漾以自恣。揚雄所謂好深湛之思者，世純有焉。」（《四庫全書總目》卷三十六）這種學風反映到他的時文中，便形成其義理渾切，氣局宏大的特點。如《君子無終食之間違仁》：

> 君子之於仁，以全成之也。夫仁以全舉，理則一日一行之修，固不足以任之。君子無違於終食間者，以此且天下有可以一為而成者，有不可以一為而成者，事可以暫立也，德則未有可以暫立者也。惟不息為可。……
>
> 古今大美大惡之事，何嘗須久而成？於其造端，皆以頃刻。因頃刻遂成滔天，彼無窮之業，當幾正無多耳；即人生

百年之身，亦豈晚蓋所及？求其所據，惟此目前。有目前乃有終身，彼百年之內，析之皆須臾耳；夫終食之間也，而可忽乎哉？（《欽定啟禎四書文》卷三）

從人生百年與須臾、終身與目前的時間辯證法角度，論述「君子無終食之間違仁」的道理，顯得比一般的議論要深刻得多。邏輯嚴密，加上文氣流轉，可謂名言曠論。

他的《重編柳子厚文集序》一文，由文及人，為王叔文、柳宗元等革新人物的政治主張和人品進行辯護，有一定的積極意義。但章世純也有一些文章如《血書華嚴經序》等文，雖然寫得機敏橫溢，可是以文為戲，以佛為戲，文章內容龐雜，令人難得要領。

四、羅萬藻

羅萬藻（1581-1646），字文止，臨川人。十九歲為郡學生，即有感於「時文膚庸」而「立志振起」。天啟七年（1627）舉於鄉。崇禎年間，實行保舉法，祭酒倪元璐保舉羅萬藻應詔，他堅辭不就。南明福王時，始以考選任上杭知縣。唐王時為禮部主事。清兵入關後，他憂憤而死。著有《此觀堂集》十二卷及制義《羅文止稿》等。

《欽定四庫全書》卷一八〇云：「四家之中，南英最好立門，近與南城張自烈互訐，遠與華亭陳子龍相爭，又最祖護嚴嵩，務與公論相反，以是終南英之身，無日不叫囂跳踉，呶呶然與天下辨。雖世純、際泰後亦隙末。惟萬藻日與南英遊，而泊然

一無所與，蓋其天性靜穆，不以聲氣為名高，故其文氣　不及南英，而恬雅則勝之」，指出羅萬藻不同於南英，愛立門戶，愛與人爭辯，而是「天性靜穆」。其散文層次細密，引人入勝。即使時文，他也能囊括百家之言，純以意運，形成一種幽渺湛深的高韻遠情。如《歲寒‧一節》，據《論語》「歲寒，然後知松柏之後凋也」立論，提出「定世之知，有不能得之於蚤者焉；夫松柏後凋，知之定於世也久矣」的命題。逐層深入論證，由松柏而及人。立言極妙，結理尤精：

　　　　是以古之君子，不垢俗以動其概，不疵物以激其情；雖窮居而性莫之或損，雖亂世而意念莫之或加。噫，此聖賢之正也！
　　　　此題易作感慨語，故易之以深微高韻、遠情超然埃壒之表（《欽定啟禎四書文》卷三）

　　駢句偶行，虛詞「以」、「雖」、「而」及嘆詞「噫」的運用，使句法圓轉，情韻悠長；而「不垢俗」、「不疵物」及「意念」等概念造語，很容易使人聯想到莊子那種超然塵埃之外的縹緲境界。顯然這種古文的筆法給時文平添了許多生氣。並且結尾也特意提到自己的獨具匠心，把一片感慨之文「易之以深微高韻、遠情超然之表」。
　　羅萬藻還有一些疏記議論雜著之類的文章，則緊密聯繫社會現實，表現了他一介文人憂國憂民的情懷。如《九邊兵餉考》，分析明末兵糧耗乏的原因，喟歎「人樂見金而輕積粟，粟死金

生，民乃不榮。」《南昌六縣一州水災看語》，記敘當年春夏之交南昌、新建、豐城、進賢、靖安、奉新、武寧等地水患災害情況，頗為真切：

> 至靖安、奉新、武寧，雖在山中，而霖雨連綿，山水暴動，所在蛟發，卷上而去。據勘報，山鄉佃種，小滿前後，雨盛陰驕，苗當其孤弱，已夾損不能待實。下至鄉邊河湖之地，水戀不去。廬舍漂溺，十家而九。小民憑舟而居，懸釜而爨，悲號慘瘁之情，誠不忍耳聞而目擊者，高下俱困，早晚絕收，民即不葬江魚，固已憐殫鬼矣。計災傷不啻十分。

記述水災給人民帶來的痛苦，老百姓「即不葬江魚」，也會淪為「殫鬼」的命運。此時羅萬藻已無「恬雅」的個人本色，別具沉鬱感傷的格調。

第三節 ▶ 湯顯祖

湯顯祖（1550-1616），字義仍，號海若，又號若士，晚年號繭翁，亦署清遠道人，臨川人。從小天資聰穎，刻苦攻讀，年十三，補縣諸生，「已能為古文詞，五經而外，讀諸史百家、汲塚連山諸書矣」（鄒迪光《臨川湯先生傳》）。隆慶四年（1570）鄉試中舉。這時，「於古文詞而外，能精樂府歌行五七言詩；於諸史百家而外，通天官、地理、醫藥、卜筮、河渠、墨、兵、神經、怪牒諸書矣」（同上）。可是這位江西才子在全國性的進士

科考中屢考屢敗。傳說當朝首輔張居正曾先後兩次讓湯顯祖為自己的兒子陪考，並許諾讓其高中。但湯顯祖每次都斷然拒絕，因而落第。知道萬曆十年（1582），張居正病故，顯祖才得以躋身進士的行列。此時首輔張四維、申時行也擬「要之入幕，酬以館選」，但顯祖亦再度敬謝不敏。萬曆十二年除為南京太常寺博士。遷詹事府主簿、禮部祠祭司主事。

萬曆十九年（1591），湯顯祖上《論輔臣科臣疏》，歷數神宗皇帝在位二十年間，朝政腐敗、科場舞弊、弄臣賄賂、言路阻塞等弊端，因而觸怒了神宗，被貶到遙遠的廣東徐聞縣任小吏典史。一年後，遷浙江遂昌縣令。在這期間，顯祖對於吏治之弊，知之更悉。長期沉淪下僚的湯顯祖有感於官場的黑暗腐敗，並且因為愛女、大弟和嬌兒的先後夭亡而深受刺激，於萬曆二十六年（1598），棄官回臨川閒居，寓所號「玉茗堂」，致力戲劇和文學創作活動，終其一生。

顯祖生平事蹟，《明史》卷二三〇有傳。鄒迪光有《臨川湯先生傳》，《列朝詩集小傳》丁集中、《罪惟錄》卷十八均有傳。其詩文著作今有《湯顯祖詩文集》。

湯顯祖為人，鄒迪光所作評價比較全面。他說：「世言才士無學，故戴逵、王弼之不為徐廣、殷亮，而公有其學矣。又言學士無才，故士安、康成之不為機、雲，而公有其才矣。又言文人學士，無用亦無行，而公為邑吏有聲，志操完潔，洗濯束縛，有用與行矣。公蓋其全哉！」就是說，顯祖有才有學，有用有行。雖說「金無足赤，人無完人」，但顯祖可稱「全人」。

顯祖十三歲即師事泰州學派的哲學家羅汝芳，後來又非常景

仰被封建統治者視為「異端」的李贄，又與名僧達觀交往。但從其一生學問看，蓋得之博覽古今，尤其通達史事。全祖望《答臨川先生問湯氏宋史帖子》稱「明季重修《宋史》者三家」，其一即「臨川禮部若士」。他不但曾修《宋史》，且曾「有意嘉、隆」之事。因此之故，他的文章，不僅有才學而已，還能精於古今之史。

世人對於顯祖之文，早有評論。錢謙益說：「義仍少熟《文選》，中攻聲律。四十以後，詩變而之香山、眉山，文變而之南豐、臨川。」（《列朝詩集小傳》丁集中）又說：「義仍少刻畫為六朝，長而湛思道術，熟於人世情偽與夫文章之流別，凡序記志傳之文，出於曾、王者為多。」（《文集原序》）指出湯顯祖為文先為六朝而後為唐宋，並且對於曾鞏、王安石相當推崇。

清人查繼佐《湯顯祖傳》說：「海若為文，大率工於纖麗，無關實務。然其遣思入神，往往破古。"這是對於其文學創作的總評價。湯顯祖的傳奇創作千古流芳，「玉茗堂文」成就雖不如其戲曲，但也可稱別具一格。《湯顯祖集》中的散文分為「玉茗堂文」與「玉茗堂尺牘」二部分。在「玉茗堂文」中，最具有價值的是其序、記之文和題詞。

其序、記之文多為有感而發，有為而作。如沈際飛在《玉茗堂集敘》所說：「殆懷誠慕義，強執孤行，而躑躅不進，思窮力蹙，故大放厥詞。歡欣悲歎，法戒作止，莫不假是以托情，緣情而著非然於中者勿言，非誠有於己者勿述。」如《王季重小題文字序》（《湯顯祖詩文集》第三十二卷 1074 頁，上海古籍出版社1982 年版）：

時文能於筆墨之外言所欲言者，三人而已，歸太僕（有光）之長句，諸君燮之緒音，胡天一（友信）之奇想，各有其病，天下莫敢望焉。以今觀王季重文字，殆其四之。而季重以能為古文詞詩歌，故多風人之致。光色猶若可異焉。

　　大致天之生才，雖不能眾，亦不獨絕。至為文詞，有成有不成者三。兒時多慧，裁識書名，父師迷之以傳注括帖，不得見古人縱橫浩渺之書。一食其塵，不復可鮮。一也；乃幸為諸生，困為敏達，蹭蹬出沒於校試之場。久之，氣色漸落，何暇識尺幅之外哉。二也；人雖有才，亦視其所生。生於隱屏，山、川、人物、居室、遊禦、鴻顯高壯、幽奇怪俠之事，未有睹焉。神明無所練濯，胸腹無所厭餘。耳目既吝，手足必蹇。三也；凡此三者，皆能使人才力不已焉。才力頓盡，而可為悲傷者，往往如是也。……故其為文字也，高廣其心神，亮瀏其音節。精華甚充，顏色甚悅。緲焉者如嶺雲之媚天霄，絢焉者如江霞之蕩林樾。乍翕乍辟，如崩如興。不可迫視，或莫殫形。大有傳疏之所會遺，著錄之所未經者矣。嗟夫，以一代之才，而絕三者之累，若此不亦宜乎！其為古文詞詩歌又如何也。

　　王季重是明末著名小品文作家，其文以靈動奇絕為著。而湯顯祖的這篇序言也是一篇出色的小品文。起句談到其對時文的評判標準，「能於筆墨之外言所欲言者」，接下來談到取決文章是否有才的三條標準。而王季重幸運的是少而聰穎，科考順利，遊歷廣泛，所以具有湯顯祖所說的特色，「緲焉者如嶺雲之媚天

霄，絢焉者如江霞之蕩林樾。乍翕乍辟，如崩如興。不可迫視，或莫殫形」，文字簡潔而又形象地概括出王季重的文章特色。

序文中，其它如《合奇序》、《耳伯麻姑游詩序》等，都堪稱名篇佳作。其中寫真我、敘真情的篇目，讓人們讀其文如見其人。如《遂昌縣滅虎祠記》從百姓滅虎之事，可見他對民生疾苦的關切之情。《喜奇賦序》、《哀偉朋賦序》、《赴帥生夢作有序》、《哭丁元禮十二絕序》等，可見他與朋友間的款款深情。至於《續棲賢蓮社求友文》、《訣世語》等，則更可見晚年湯顯祖的真實心情。

湯顯祖序、記文中那些記人敘事的篇目，也多有以己之「真情語」寫他人之「真情事」的傑作，窮態極妍，委曲生動。如《張氏紀略序》是他在聞張大複去世後「俳惻慨歎，一月而神弗怡」的心境下和淚寫成的，動人心魄，催人淚下。《蘄水朱康侯行義記》對朱康侯俠義行世事蹟的生動描寫，如在目前，維妙維肖。《宣城令薑公去思記》、《蕪湖張令公給由北上序》、《滕趙仲一生祠記序》、《趙仲一鄉行錄序》等，更是以滿腔熱情，歌頌了那些愛民如子、兩袖清風的清官。這些文字，無不是現實中真人、真事、真語、真情的真實寫照，無不明快暢達、真實感人。

湯顯祖題詞大多是有關戲劇作品的，如《旗亭記題詞》、《玉合記題詞》、《董解元西廂記題詞》、《紫釵記題詞》、《邯鄲夢記題詞》、《南柯夢記題詞》等，敘緣起，闡義理，揭情思，均直抒胸臆，快人耳目。著名的《牡丹亭記題詞》闡明瞭他的創作動機和作品緣起，其中有云：

天下女子有情，寧有如杜麗娘者乎？夢其人即病，病即彌連。至手畫形容傳於世而後死。死三年矣，復能溟莫中求得其所夢者而生。如麗娘者，乃可謂之有情人耳。情不知所起，一往而深。生者可以死，死可以生。生而不可與死，死而不可複生者，皆非情之至也。夢中之情，何必非真，天下豈少夢中之人耶？必因薦枕而成親，待掛冠而為密者，皆形骸之論也。……

　　嗟夫，人世之事，非人世所可盡。自非通人，恒以理相格耳。第云理之所必無，安知情之所必有邪？（《湯顯祖詩文集》第三十三卷 1093 頁，上海古籍出版社 1982 年版）

　　文中的思想，在當時有驚天動地的意義：劇作家的重情言情，導致作品人物杜麗娘為情而生，為情而死，這與「餓死事極小，失節事極大」的禮教形成了尖銳的衝突，對摧毀傳統禮教對人性的愚弄，起到石破天驚的作用。《牡丹亭記題詞》和傳奇《牡丹亭還魂記》都是中國古代文化遺產中的瑰寶，閃耀著「資本主義萌芽時代」人的價值重新認識的思想光輝，和莎士比亞劇作中的人文主義思想，不約而同，互為映襯，堪稱奇跡。

　　湯顯祖還有一篇題詞《溪上落花詩題詞》相當有意思。沈際飛評價此文「前半人奇，後半文奇」。翠娛閣評本說此文「敘處擷百花之奇英，結處灑天女之奇萼」。袁宏道《致江進之》評論說：「妙甚，脫盡今日文人蹊徑」。都是抓住了文章特點來評論。

　　長孺、僧孺兄弟似無著、天親，不綺語人也。一夕，作

花溪諸詩百餘首，刻燭而就。予經時閉門致思，不能如其綺也。長孺故美容儀少年，幾為道旁人看煞。妙於才情，萬卷目數行下。加以精心海藏，世所云千偈瀾翻者，其無足異。獨僧孺如愚，未嘗讀書，忽忽狂走。已而若有所會，洛誦成河，子墨成霧。橫口橫筆，無所留難。此獨未宜異也。

僧孺故拙於姿，然非根力不具者。以學佛故，早斷婚觸，殆欲不知天壤間乃有婦人矣。而諸詩長短中所為形寫幽微，更極其致。如《溪上落花》詩：「芳心都欲盡，微波更不通。」「有豔都成錯，無情乍可依。」不妨作道人語。至如《春日獨當壚》：「卓女盈盈亦酒家，數錢未慣半羞花。」僧孺不近壚頭，何知羞態？《七寶避風台》：「翠纓裙帶愁牽斷，鎖得斜風燕子來。」僧孺未親裙帶，何知可以鎖燕？《燕姬墮馬》：「一道香塵出馬頭，金蓮銀凳緊相鉤。」僧孺未曾秣馬，何識香尖？《春閨怨》：「乳燕春歸玳瑁梁，無心顛倒繡鴛鴦。」僧孺未曾催繡，安識倒針？當是從聲聞中聞，緣覺中覺耶？無亦定中慧耳。

然予覽二音，有私喜焉。世雲學佛人作綺語業，當入無間獄；如此，喜二虞入地，當在我先。又云：「慧業文人，應生天上，則我生天亦在二虞之後矣」。（《湯顯祖詩文集》第三十三卷1098頁，上海古籍出版社1982年版）

「人奇」之處，在於不作綺語之人，突然大作人所難及的綺語，並且出語天然細緻入微。「文奇」之處，在於對佛徒說佛語，在於摘錄佛徒僧孺描寫女性生活和情態的「綺語」──予以

質問。僧孺之詩，已深入女性情感之隱微，顯祖之問，更深入到僧孺內心之隱微，寫出了佛教禁欲主義者固有的人性，同樣對於正在興起的個性解放思潮起了推波助瀾的作用。行文毫無拘忌，重在獨抒性靈，真是「言一人，極一人之意趣神色而止」，所以徐朔方先生認為它「是空靈小巧的晚明小品的先聲」。結尾妙趣橫生，又與前文及開頭呼應，看似毫不經意，卻自然而嚴密。

湯顯祖最為後人看重的是鋒芒犀利、擲地有聲、震撼朝野的《論輔臣科臣疏》。此疏引邸報所載「聖諭」，而後說「南都諸臣，捧讀之餘，不知所以」。於是列舉輔臣科臣罪狀，結論說：

> 失此不治，臣謂皇上可惜者有四：爵祿者，皇上之雨露也，今乃為私門蔓桃李耳，其實公家之荊棘也。皇上之爵祿可惜，一也；若群臣風靡，皆知受輔臣恩，不知受皇上恩，豈複有人品在其中乎？皇上之人才可惜，二也；輔臣不破法與人富貴，不見為恩。皇上之法度可惜，三也；陛下經營天下二十年於茲矣，前十年之政，張居正剛而有欲，以群私人囂然壞之。後十年之政，時行柔而有欲，又以群私人靡然壞之。皇上大有為之時可惜，四也；臣為四可惜，欽承聖諭，少效愚憂。（《湯顯祖詩文集》第四十三卷 1211 頁，上海古籍出版社 1982 年版）

湯顯祖在疏中尖銳而概括地指出，萬曆朝的統治，前十年壞於張居正，後十年壞於申時行。並且矛頭已指向皇上。此疏列述臣下欺蔽之罪，全為皇上威權著想，一片「愚憂」，出於赤誠。

這種忠於一姓一君的傳統君臣觀念，在今天看來，對顯祖來說，本是思想桎梏，愚不可及。但封建傳統思想入人之深，於此亦可概見。通達如顯祖，亦未能避免。

湯顯祖此疏曾為世人所重。清修《明史》，顯祖不入《文苑》，而於傳中專載此疏要點。由此亦可看出，這樣的文章，比較符合封建統治的政治需要，也代表顯祖文章的一個方面。

除了為世稱道的《論輔臣科臣疏》和《牡丹亭記題詞》等文之外，最富個性特色的，就是那些「隨人酬答，獨擄素心」的尺牘。

鄒迪光於顯祖之文，獨推其尺牘。他說：「湯臨川才無不可，尺牘數卷，尤壓倒流輩。蓋其隨人酬答，獨抒素心，而頌不忘規，辭文旨遠。於國家利病處緬緬詳言，使人讀未卒篇，輒憬然于忠孝廉節；不則怡悅沈湎，泊然于白衣蒼狗之故，而形神欲換也。又若雋冷欲絕，方駕晉魏，然無其簡率。而六朝以還，議論滋多，不復明短長之致，則又非臨川氏之所與也。」（《尺牘題詞》）

湯顯祖的尺牘，清麗雅致，雋永飄逸，文采飛揚，在語言形式上非常講究，作者尤其喜歡簡潔高雅的表達方式，如以下數則：

> 門下競爾高蹈耶？蓴鱸適口，采吳江於季鷹；花鳥關心，寫輞川於摩詰。進退維谷，屈伸有時。倘門下重興四嶽之雲，在不佞庶借三江之水。芳訊時通，惟益深隆養，以重蒼生。（《玉茗堂尺牘》之六《寄董思白》）

弟受性疏梗，戶外都無長者車來。而丈儼然臨之，信宿之間，三顧白屋。日月過而幽草回，風雷至而慵魚動矣。兩受良書，優渥滿紙。承諭權事已定，有仁人長者覆露在上，縱不盡鷹化為鳩，或可日損以月耶！弟書生，何足仰贊萬一。（《玉茗堂尺牘》之六《答汪雲陽大參》）

目中如門下，零露蔓草，未足擬其清揚；秋水霜蒹，差以慰其遊溯。鳴琴山水，太沖深招隱之情；遲暮佳人，惠休擬碧雲之詠。倏焉別去，渺矣伊人。再覯無從，悵佇何及。（《玉茗堂尺牘》之六《寄左滄嶼》）

由此可見，湯顯祖的尺牘高妙之處在於用駢文句式把複雜的人事和感情表達得生動流暢，文字優美而雅潔。沈際飛評其尺牘「雋泠欲絕，方駕晉魏」並非虛語。湯顯祖的尺牘雖以文雅為主，但有時也寫得相當通俗，如《與宜伶羅章二》（《湯顯祖詩文集》第四十九卷1426頁，上海古籍出版社1982年版）：

章二等安否，近來生理何如？《牡丹亭記》，要依我原本，其呂家改的，切不可從。雖是增減一二字以便俗唱，卻與我原做的意趣大不同了。往人家搬演，俱宜守分，莫因人家愛我的戲，便過求他酒食錢物。如今世事總難認真，而況戲乎？若認真，並酒食錢物也不可久。我平時只為認真，所以做官做家，都不起耳。《廟記》可覓好手鐫之。

此信是寫給當時普通的宜黃腔戲曲藝人的，故湯顯祖用日常

口語來寫，完全沒有修飾，把自己的主張表述得通俗曉暢，明白無誤。不過這種風格在《玉茗堂尺牘》之中，所占的比例是較少的。在這篇文章中，湯顯祖還特意提到他非常重視的一篇文章《廟記》，提出「可覓好手鐫之」，這篇文章就是《宜黃縣戲神清源師廟記》。這篇文章應該是一篇關於戲劇學的文章，介紹了宜黃腔的由來和盛況、戲劇的發展過程和作者對戲劇表演的見解等內容。但它作為一篇小品文來看，也不遜色於任何一位晚明名家。

　　人生而有情。思歡怒愁，感於幽微；流乎嘯歌，形諸動搖。或一往而盡，或積日而不能自休。蓋自有鳳凰鳥獸以至巴渝夷鬼，無不能舞能歌，以機靈自相轉活，而況吾人。奇哉清源師，演古先神聖八能千唱之節，而為此道。……一勾欄之上。幾色目之中，無不紆徐煥眩，頓挫徘徊。恍然如見千秋之人，發夢中之事。使天下之人無故而喜，無故而悲。或語或嘿，或鼓或疲，或端冕而聽，或側弁而咍，或窺觀而笑，或市湧而排。乃至貴倨弛傲，貧嗇爭施。聾者欲玩，聵者欲聽，啞者欲歎，跛者欲起。無情者可使有情，無聲者可使有聲。寂可使喧，喧可使寂；饑可使飽，醉可使醒；行可使留，臥可以興。鄙者欲豔，頑者欲靈。可以合君臣之節，可以浹父子之恩；可以增長幼之睦，可以動夫婦之歡；可以發賓友之儀，可以釋怨毒之節；可以已愁憒之疾，可以渾庸鄙之好。然則斯道也，孝子以事其親，敬長而娛死；仁人以此奉其尊，享帝而事鬼；老者以此終，少者以此長。外戶可

以不閉，嗜欲可以少營。人有此聲，家有此道，疫癘不作，天下和平。豈非以人情之大寶，為名教之至樂也哉。（《湯顯祖詩文集》第三十四卷1127頁，上海古籍出版社1982年版）

文章仍貫穿湯顯祖的「至情論」，「情」與生俱來，並始終伴隨著生命進程。情如何表達呢？最有效的方式是借戲劇之道來表達。文中的「清源師」的戲劇表演可以使得觀眾在戲劇審美活動中無故而喜，無故而悲，將旁觀者的冷漠與麻木不仁的狀態調整過來，湯顯祖運用誇張、排比、對比等修辭手法，把戲劇的情感教化作用自由鋪張，無限放大，人們最終在「至情」的照耀下，於戲劇的弦歌聲中，把世界變成美好的人間。文章更多的是寄寓其以「至情」為中心的社會理想，充滿著豐富與熱情的人文關懷精神。

當然，更多的尺牘，體現顯祖的思想和情緒，以及對社會生活的看法。如其《答舒司寇》有云：

接手書，諷以「方壯宜近老成人。今滿朝鬥氣者多惡少。今幸以為戒，無與親」。受教無量。

竊觀先師有戒：壯在鬥而衰在得。蓋血氣有餘，宜受以不足；不足，又宜受之以有餘。自消息自補引，亦「觀其生，進退」之義也。如此然後可以觀民。諸言者誠好事，中多少壯。蓋少壯多下位，與物論近，與老成更曆之論遠。相與黨遊，而執政之遊絕，故其氣英。既不習於事，又不通於

執政之情，名位輕而日月長，去就不至深護，或以此自熹。
議隨意生，風以羽成。鬥誠有之，未足為定也。而諸老大臣
又多不喜與少年郎吏有風性者遊，物論既寡所得，又進而與
執政親，熟其恩禮宴笑，因知其所難。物盈而慮周，中多眷
礙。如井汲且收，不復念瓶羸也。故傾朝中尊卑老壯交口相
惡，莫甚此一二年餘。人各有心，明公以諸言事者多惡少，
正恐諸言事者聞之，又未肯以諸大臣為善老耳。

此書大概寫於上疏被謫之前。舒司寇說「諸言事者多惡
少」，顯祖則謂「諸大臣」也未必都是「善老」。這顯然是不聽
告誡，為言事者辯，故發此針鋒相對之語。這樣的文章當是顯祖
「方壯」之時的「鬥氣」之言。

湯顯祖晚年雖閒居在家，但也很難忘卻世事，反而有更激烈
的批駁。其《與馬心易》書云：

時議紛紜，各省大吏，持祿養重而去，長吏因以羊虎不
可治。上干天和，所在旱潦異常。就中獨是善人窮餓。嘉興
馬先生，其最餓者也。年來何以樂此？星家雷生過謁，吾兄
與之坐而問焉，亦知弟同此餓也。

又《答馬心易》云：

三惠良書，闃然不報。此時男子多化為婦人，側行俯
立，好語巧笑，乃得立於時。不然，則如海母目蝦，隨人浮

沉，都無眉目，方稱盛德。想自古如斯，非今獨撫膺矣。偶記兄欲我長歌撥悶，扇頭奉為撫掌之資，眼中人如陸太常何可更見！右武居會城，終不甚適。一丘一壑，乃可著吾輩耳。

湯顯祖此時，對於人情世態，蓋無限慨歎。「善人窮餓」，「男子多化為婦人」，在社會生活、政治生活中這都是一種相當可悲而且難以醫治的病態社會現象，這種社會現像是封建集權政治所造成的不治之症，作者既不能「隨人浮沉」，也難於「長歌撥悶」。

總之，湯顯祖的散文，雖不如他的戲劇創作成就高，但在中國文學史上也應佔有一席之地。

江西文庫 A0701B02

贛文化通典（古文卷） 第二冊

主　　編　鄭克強
版權策畫　李　鋒
責任編輯　林以邠

發 行 人　陳滿銘
總 經 理　梁錦興
總 編 輯　陳滿銘
副總編輯　張晏瑞
編 輯 所　萬卷樓圖書股份有限公司
排　　版　菩薩蠻數位文化有限公司
印　　刷　維中科技有限公司
封面設計　菩薩蠻數位文化有限公司

出　　版　昌明文化有限公司
桃園市龜山區中原街 32 號
電話 (02)23216565
發　　行　萬卷樓圖書股份有限公司
臺北市羅斯福路二段 41 號 6 樓之 3
電話 (02)23216565
傳真 (02)23218698
電郵 SERVICE@WANJUAN.COM.TW
大陸經銷　廈門外圖臺灣書店有限公司
　　電郵 JKB188@188.COM

ISBN 978-986-496-220-4
2018 年 1 月初版
定價：新臺幣 320 元

如何購買本書：
1. 轉帳購書，請透過以下帳戶
　 合作金庫銀行 古亭分行
　 戶名：萬卷樓圖書股份有限公司
　 帳號：0877717092596
2. 網路購書，請透過萬卷樓網站
　 網址 WWW.WANJUAN.COM.TW
大量購書，請直接聯繫我們，將有專人為您
服務。客服：(02)23216565 分機 610

如有缺頁、破損或裝訂錯誤，請寄回更換
版權所有·翻印必究
Copyright©2016 by WanJuanLou Books CO., Ltd.
All Right Reserved　　　　Printed in Taiwan

國家圖書館出版品預行編目資料

贛文化通典. 古文卷 / 鄭克強主編. -- 初版.
-- 桃園市 ： 昌明文化出版 ； 臺北市 ： 萬卷
樓發行, 2018.01
　 冊 ；　公分
ISBN 978-986-496-220-4 (第二冊 ： 平裝). --
1.古文 2.文學評論
672.408　　　　　　　　　　107002003

本著作物經廈門墨客知識產權代理有限公司代理，由江西人民出版社授權萬卷樓圖書
股份有限公司出版、發行中文繁體字版版權。
本書為金門大學華語文學系產學合作成果。　　　校對：陳裕萱